Rolf-Bernhard Essig / Ulrike Möltgen

# Alles für die Katz

ROLF-BERNHARD ESSIG

# Alles für die Katz

## DIE LUSTIGEN GESCHICHTEN
## HINTER UNSEREN REDENSARTEN

illustriert von Ulrike Möltgen

CARL HANSER VERLAG

Vermittelt durch die Literatur- und Medienagentur
Ulrich Pöppl, München.


Die Schreibweise in diesem Buch entspricht
den Regeln der neuen Rechtschreibung.

Unser gesamtes lieferbares Programm
und viele andere Informationen finden Sie unter
www.hanser-literaturverlage.de

1  2  3  4  5    15  14  13  12  11

ISBN 978-3-446-23785-2
Umschlag: Ulrike Möltgen
Satz im Verlag
Druck und Bindung: Tlačiarne BB, spol. s r.o.
Printed in Slovak Republic

# INHALT

# 1.
# DAS HÜPFENDE HERZ

*Redewendungen über Freude, Misstrauen*
*und andere Gefühle*

*Der Vogel, scheint mir, hat Humor oder*

# SICH FREUEN WIE EIN SCHNEEKÖNIG

Eines Abends wollte der kleine Zaunkönig gar nicht einschlafen. Immerfort stellte er seinen Eltern Fragen. Endlich schien er müde zu sein. Doch nach ein paar Minuten Stille fragte er: »Papa, warum heißen wir eigentlich Zaunkönig?« Der Vater wollte schon schimpfen wie ein Rohrspatz, da unterbrach ihn seine Frau: »Lass gut sein! Ich erzähle es ihm, dann schläft er sicher ein.« Der Vater scharrte ein wenig mit den Krallen im Nest und nickte dann.

»Weißt du«, flötete Mutter Zaunkönig, »wir heißen nicht nur Zaunkönig, sondern auch Schneekönig, Tannkönig, Meisenkönig und ganz früher bei den alten Griechen Königlein. Damals erzählte der Dichter Aesop von einem Vorhaben der Vögel. Sie wollten einen König wählen. Als sie sich nicht einigen konnten, sollte ein Wettkampf entscheiden. König sollte der sein, der am höchsten fliegen könnte. Alle erhoben sich in die Luft, aber am allerhöchsten flog der Adler. Als er rief: ›Ich fliege am höchsten‹, da erschrak er. Über ihm ertönte nämlich eine Stimme: ›Ich fliege noch höher! Ich bin der König!‹ Es hatte sich ein Zaunkönig im Adlergefieder mit emportragen lassen. Seitdem heißen wir in vielen Sprachen irgendetwas mit König. Und weil wir recht gern auf Zäunen sitzen, nennt man uns auch Zaunkönig. Jetzt schlaf aber ein!«

Der kleine Zaunkönig seufzte zufrieden. Die Zaunkönig-Mutter seufzte zufrieden. Der Zaunkönig-Vater seufzte zufrieden.

Dann herrschte himmlische Ruhe im Nest. Da rief es plötzlich:
»Und warum heißt es ›sich freuen wie ein Schneekönig‹?«
Diesmal antwortete der Vater und sagte ernst: »Weil wir im
Winter fröhlich singen und pfeifen, selbst wenn es bitterkalt ist.
Das zeigt, wie viel Humor wir haben. Aber wenn du jetzt nicht
sofort deinen Schnabel hältst, dann …«
»Schon gut«, wisperte der kleine Zaunkönig, »ich schlaf ja
schon. Aber morgen darf ich wieder was fragen!«
»Morgen, ja, morgen«, mahnte ihn sein Vater.
Eigentlich wollte der kleine Zaunkönig noch fragen, wann es
denn endlich Morgen wäre, aber da war er dann wirklich einge-
schlafen.

*Zwei seltsame Tiere oder*

## DIE SAU RAUSLASSEN

*Der innere Schweinehund*

Menschen kennen die Schweine schlecht. Warum sagen sie sonst zu jemandem, der sich mit Essen bekleckert »Du Sau!« oder »Du hast dich eingesaut«? Schweine bekleckern sich nie beim Essen, ob in Gefangenschaft oder in Freiheit. Allerdings wühlen sie mit ihren Schnauzen in der Erde und schmatzen laut. Vielleicht heißt es deshalb: »Du frisst wie ein Schwein« oder »Der saut herum«.

Arme Schweine, die Schweine! So viele Sprichwörter und Redensarten, die meistens nicht nett sind! Ähnlich schlimm geht es nur dem Hund.

Benimmt sich ein Mensch rücksichtslos, laut, gibt viel Geld aus und macht nur das, wozu er Lust hat, beschreibt man ihn mit den Worten: »Der lässt die Sau raus.« Die Sau gilt natürlich als das Tier des schlechten Benehmens. Es kann aber Spaß bereiten, einmal nur den eigenen Wünschen zu folgen. Deshalb kann »die Sau rauslassen« auch im Guten verwendet werden und als Wunsch.

Nach so einem sauschönen Erlebnis fällt es einem verdammt schwer, wieder fleißig, anständig, rücksichtsvoll zu leben. Wenn es damit nicht klappt, sucht man nach einem Schuldigen. Man sagt zur Entschuldigung: »Ich kann meinen inneren Schweinehund nicht besiegen.«

Es gab vor ein paar hundert Jahren tatsächlich den Schweinehund. Diese Hunde verwendete man für die Wildschweinjagd. Sie waren besonders ausdauernd und angriffslustig. So ein Hund ließ sich also nur sehr schwer überwinden – genau wie der schlechte Trieb zur Faulheit. Hundertmal sagt man sich: »Jetzt stehe ich gleich auf!« Und doch kommt man nur bis zum inneren Schweinehund, der einen anknurrt: »Du bleibst liegen! Es ist viel zu gemütlich im Bett.«

Der innere Schweinehund steht für viele schlechte Wünsche und Eigenschaften, die sehr stark sind, nicht nur für die Faulheit. Und der Schweinehund ist ein derbes Schimpfwort, denn »Hund« und »Schwein« sind alleine schon üble Beleidigungen.

# EINEM GESCHENKTEN GAUL SCHAUT MAN NICHT INS MAUL

Seit fünfzehn Jahren zog Jochen den Wagen mit den großen Bierfässern. Jochen war nämlich ein Pferd. Seine Beine hatten unten lustige buschige Haare, und sein gewaltiger Körper war weiß und ein wenig gescheckt, fast wie ein Apfelschimmel.

An diesem Morgen wurde Jochen aber nicht angeschirrt. Sein Besitzer namens Hans führte ihn am Halfter einige hundert Meter weit zu Jakob, dem Nachbarn. »Hier ist also Jochen! Sei gut zu ihm. Er hat mir fünfzehn Jahre treu gedient und schwer gearbeitet. Jetzt ist er ein wenig alt und müde. Aber deine Kinderkutsche zieht er mit links. Außerdem ist er lammfromm und tut niemandem etwas.« – »Soll ich mir mal seine Zähne ansehen?«, scherzte Jakob. »So alt, wie Jochen ist, hat er die Vorderzähne sicher schon ganz schräg gekaut.« – »Vorsichtig!«, mahnte Hans. »Du weißt doch: Einem geschenkten Gaul schaut man nicht ins Maul!« – »War nur ein Scherz!«, meinte Jakob. »Ich bin dir ja dankbar für das Pferd!« – »Und ich freu mich, dass Jochen noch was zu tun hat! Allein im Stall wird er nämlich trübsinnig. Der braucht Leben.« So war es tatsächlich. Als Jochen am nächsten Tag elf fröhliche Kinder in einem leichten Wagen über die Feldwege zog, da sah es so aus, als lächelte er. Dass seine Vorderzähne wirklich etwas schräg waren, kümmerte keinen.

Beim Pferdekauf schaut man schon seit alten Zeiten dem Tier ins Maul. Man kann an den Zähnen recht gut das Alter eines Tieres erkennen. Vor allem an den schrägen Vorderzähnen sieht man, dass ein Pferd schon alt ist. Über ein Geschenk soll man sich aber einfach freuen und nicht erst misstrauisch nachprüfen, welchen genauen Wert es hat. Und deshalb sagt man: »Einem geschenkten Gaul schaut man nicht ins Maul.«

# DICKE FREUNDE SEIN
*Mit jemandem durch dick und dünn gehen*

Christoph und Bernhard waren nicht nur Freunde, sie sahen sich auch ein bisschen ähnlich. Rundliche Arme und rundliche Beine, ein rundlicher Bauch und ein rundliches Gesicht. Ob sie deshalb seit der 1. Klasse nebeneinandersaßen? Jedenfalls hatten sie sich gemeinsam gewehrt, als Viktor, Leo und Ronaldo sie verspottet hatten. Zu zweit waren sie stärker, als die anderen drei gedacht hatten. Auch zeigte es sich, dass sie gut im Fußballtor waren. Manchmal rief zwar einer aus der Klasse: »Der Bernhard deckt das Tor ja fast zu!« Und ein anderer: »Der Christoph ist selbst wie ein riesiger Ball.« Aber das machte den beiden nichts, weil sie sich im Tor sicher fühlten. So standen sie sich jetzt auf dem Fußballplatz oft als Gegner gegenüber: der eine im einen, der andere im anderen Tor. Ihrer Freundschaft konnte das nichts anhaben. Selbst wenn sie jemand hänselte und sagte: »Ihr seid aber dicke Freunde!« Dann lachten sie nur, und manchmal drohten sie mit Prügel. Am häufigsten sagten sie aber einfach: »Das stimmt! Wir sind dicke Freunde. Und wir gehen miteinander durch dick und dünn.« Wer die beiden in so einem Moment sah, der spürte nur noch ein Gefühl: Neid.
Eigentlich hat der Ausdruck »dicke Freunde sein« aber nichts mit dem Körpergewicht zu tun. »Dick« hieß vor tausend Jahren auch »oft« und »groß«. Dicke Freunde sind einfach große Freunde. Die gehen durch dick und dünn. Das bedeutet: durch

alle großen und kleinen Schwierigkeiten. »Dick« hieß früher auch »dicht«. Man stellte sich vor, dass Freunde sich weder in einem dichten noch in einem lichten Wald verlassen. Ob sie durch schweren Schlamm oder durch Wasser auf dem Weg müssen: solche Freunde gehen immer zusammen.

*Eine feine Nase hilft oft oder*

# LUNTE RIECHEN

Kein Stern stand am Himmel, als sich der Soldat Michel durch den Wald tastete. Es war im Jahr 1640. Michel und seine Kameraden waren plötzlich vom Feind überfallen und in alle Winde zerstreut worden. »Wenn ich nur jemanden von meiner Truppe finden könnte«, flüsterte Michel. Sein treuer Hund Max knurrte zustimmend. Michel lauschte. Nichts. Totenstille. Wieder schlich er ein paar Schritte. Jeder knickende Ast klang ihm wie ein Pistolenschuss. Noch einmal knurrte Max, diesmal warnend. »Was hast du?«, fragte Michel. Max schnüffelte vernehmlich. »Riechst du was?« Jetzt schnüffelte auch Michel. »Eine brennende Lunte!«, flüsterte Michel. »Braver Hund! Du hast mir vielleicht das Leben gerettet.« Mit doppelter Vorsicht schlich Michel weiter. Da sah er abgedunkelte Lampen. Er hörte Stimmen. Sie sprachen seine Sprache. Es waren seine Leute. »Ich bin's, der Michel. Nicht schießen!«, rief er und trat zu den überraschten Kameraden, die ihre Luntenschloss-Gewehre senkten. Für heute waren Michel und Max in Sicherheit. Früher hatten Gewehre und Kanonen eine Zündschnur aus Stoff, der mit Pulver versehen war. Die nannte man Lunte. Sie entzündete das Pulver im Lauf. Brannte eine Lunte, stank es. Wer das roch, war gewarnt. Und so sagt man noch heute, wenn man eine böse Absicht durchschaut oder eine Gefahr wittert: »Ich habe Lunte gerochen.«

*Eine krumme Sache oder*

# ICH LACH MIR EINEN AST

Frieda erzählt ihrem Bruder einen Witz: »Was ist ein Keks in der Wüste?« Friedrich überlegt. »Keine Ahnung!« Frieda kichert: »Ein sonniges Plätzchen.« Friedrich meint ungerührt: »Sehr lustig. Ich lach mir einen Ast.« Frieda ärgert sich. »Wieso denn Ast?« Friedrich sagt: »Damit ich mich draufsetzen kann und mit den Beinen baumeln.« Frieda ist nun wirklich wütend. »Du weißt es doch selbst nicht! Du plapperst nur nach, was du aufgeschnappt hast.« – »Was man sagt, das ist man selber. Deine Witze hast du ja auch nicht erfunden!« Da mischt sich Tina ein, die heute auf die beiden aufpasst: »Aufschnappen ist doch prima! Und das mit dem Ast wissen nicht mal alle Erwachsenen.« – »Aber du weißt es?«, fragt Frieda. »Ja«, sagt Tina. »Ein Freund schreibt Bücher darüber. Das Wort ›Ast‹ beschrieb eigentlich etwas Gebogenes, so wie die krummen Zweige und Äste eines Baumes. Ast hieß aber auch der krumme Rücken und der Buckel eines Menschen. Wenn man sehr heftig lacht, dann beugt man sich oft nach vorn und macht einen krummen Rücken. Man lacht sich einen Ast.« Frieda freut sich: »Dann hat Friedrich den Witz also sehr lustig gefunden. Aber warum hat er dann keinen Ast gemacht mit dem Rücken?« – »Weil Jungs immer so cool tun«, sagt Tina. »Wahrscheinlich erzählt er den Witz morgen seinen Freunden. Oder?« Friedrich sagt nichts, aber man hört so was wie »mmmh«.

*Der Druck der Seele oder*

## DAMPF ABLASSEN
*Unter Dampf / Unter Strom stehen*

Vor dreihundert Jahren wurden die ersten Dampfmaschinen gebaut, um die Arbeit in Bergwerken zu erleichtern. Die Menschen bewunderten die lauten Ungetüme, die so viel leisten konnten. Immer mehr Dampfmaschinen setzte man in Europa ein. Vor zweihundert Jahren hatten die meisten Menschen zumindest schon mal eine gesehen. Vor gut einhundert Jahren gab es sie dann als Spielzeug für Kinder. Sehr viele kannten nun auch die Arbeitsweise der Dampfmaschinen. In ihnen wurde mit brennender Kohle Wasser in Kesseln so stark erhitzt, dass es sich in Dampf verwandelte, der viel mehr Platz brauchte als das Wasser. So entstand großer Druck, der Maschinen antreiben konnte: Pumpen, Lokomotiven, Traktoren.

Vor über zweihundert Jahren kam ein Franzose auf die Idee, dass wir Menschen eigentlich auch Maschinen seien. Wir benötigen ebenfalls Energie von außen. Bei uns heizt nicht die Kohle, sondern alles, was wir essen und trinken. Spätestens seit dieser Zeit bildeten sich Redensarten, die unsere Gefühle und Taten mit den Funktionen von Maschinen verglichen. Man konnte es sich gut vorstellen, weil sich beispielsweise große Wut oder Gereiztheit anfühlt wie ein ungeheurer Druck, der sich in einem aufbaut – genau wie in der Dampfmaschine. »Ich stehe unter Dampf!«, konnte man sagen, wenn man wütend war oder unbedingt mit der Arbeit loslegen wollte. Damit eine Dampfmaschine bei zu hohem Druck nicht platzt, hat sie außerdem ein Sicherheitsventil. Das entlässt im Notfall den Dampf und damit den Druck. Und wenn sich ein Mensch beruhigen sollte und den inneren Druck loswerden, sagte man: »Lass doch mal Dampf ab.« Später übernahmen immer mehr Maschinen Strom als Antriebsenergie. Und seitdem kann man sagen: »Ich steh unter Strom«, wenn man sich sehr aufregt oder voller Tatendrang steckt.

# ODER HUT AB!

*Da geht mir der Hut hoch / Das ist ein alter Hut*

»Den Pfeifentabak wollte mir der Mann im Kiosk nicht geben«, sagt Judith. »Hut ab!«, meint Opa. »Der hält sich an die Gesetze. Kein Tabak an Kinder!« – »Hut ab?«, fragt Judith. »Du trägst doch nie einen!« – »Früher durfte man ohne Hut nicht aus dem Haus«, sagt Opa. »Wenn sich Bekannte trafen, nahmen sie den Hut vom Kopf und grüßten sich so. Das tat man auch, um einen zu ehren, der etwas Gutes getan hatte. Vor ihm zog man den Hut. ›Hut ab!‹ heißt also: ›Sehr gut!‹« – »So etwa?«, fragt Judith, die in Opas Schrank Hüte gefunden hat. Nun hebt sie einen schwarzen von ihrem Kopf. »Genau so!«, sagt Opa. »Mit dem Hut in der Hand kommt man durch das ganze Land. Das hieß: Höflichkeit hilft überall.« Judith fällt etwas ein: »Papa meint oft: ›Da geht mir der Hut hoch!‹ Das klingt unhöflich.« – »Richtig!«, sagt Opa. »Es bedeutet ›sich ärgern‹. In alten Filmen hob sich bei zornigen Leuten der Hut von selbst hoch. Vielleicht weil man auch sagt, ›jemand geht vor Ärger in die Luft‹. Später gab es ein Lied: ›Wir machen Musik, da geht euch der Hut hoch‹.« – »Das ist aber ein alter Hut!«, mault Judith. Da muss Opa schmunzeln: »Stimmt genau! Das Lied ist alt. Und weil Frauenhüte rasch unmodern wurden, sagt man noch heute ›Das ist ein alter Hut!‹ zu allem, was veraltet ist: so wie ich und der Hut in deiner Hand.« – »Ich find den Hut toll, weil er so schön alt ist. Und dich auch.«

# 2.
# MIT WITZ UND TÜCKE FÄNGT MAN EINE MÜCKE

*Redewendungen über Scherz und Täuschung*

*Männer sind Schweine oder*

## JEMANDEN BEZIRZEN

Im alten Griechenland lebte der kluge Odysseus. Er kämpfte mit vielen anderen Griechen gegen die mächtige Stadt Troja. Erst nach zehn Jahren konnte sie erobert werden. Nach dem Sieg machten sich alle Griechen auf die weite Schifffahrt nach Hause. Odysseus erlebte dabei so viele Abenteuer, dass er weitere zehn Jahre dafür brauchte.

Dabei kam er eines Tages mit seinen Gefährten zu einer Insel, die unbewohnt zu sein schien. Ein Erkundungstrupp stieß aber auf ein einsames Haus, aus dem der wundervolle Gesang einer Frau ertönte. Die Göttin Circe wohnte hier. Sie lud die Männer ein und gab ihnen zu essen. Es war aber eine Zauberspeise, und die Männer vergaßen auf einmal ihre Heimat. Circe verwandelte sie dann in Schweine und sperrte sie in einen Stall. Nur einer war vorsichtig gewesen, konnte entkommen und Odysseus alles berichten.

Odysseus ging nun selbst zu Circes Haus. Unterwegs traf er zum Glück den Götterboten Hermes. Der gab Odysseus ein Kraut, mit dem er vor dem Zauber der Göttin geschützt war. Als er Circe traf, behandelte sie ihn sehr freundlich und gab ihm zu essen. Dann wollte sie ihn in ein Schwein verwandeln, aber es klappte nicht. Da erschrak Circe. Odysseus zog nun sein Schwert und bedrohte sie. Er forderte von Circe, ihm nichts zu tun und seine Männer zurückzuverwandeln. Circe willigte ein. Tatsächlich wurden die Schweine wieder Männer. Und Odys-

seus lebte mit Circe ein Jahr lang wie Mann und Frau. Erst als seine Männer murrten, weil sie nach Hause wollten, ließ Circe sie ziehen. Es dauerte dann noch lange, bis Odysseus nach vielen Irrfahrten in die Heimat zurückkehren konnte.

Der Dichter Homer erzählt von Circe und der abenteuerlichen Reise in seinem Werk »Die Odyssee«. Der Titel wurde redensartlich für komplizierte, lange, irrtumsreiche Wege. So kann man von einer Odyssee durch eine Stadt sprechen. Und wegen der verführerischen Circe, die Männer verwandelte, wie sie es wollte, sagt man noch heute »jemanden bezirzen«. Das heißt, dass eine Frau einen Mann wie durch einen Zauber in sich verliebt macht; oder umgekehrt. Weil man das C in Circes Namen wie ein Z ausspricht, schreibt man heute »bezirzen«.

*Unmögliche Aufträge oder*

# JEMANDEN IN DEN APRIL SCHICKEN

Wenn dich, liebe Leserin, lieber Leser, jemand bittet, ein Hah-
nen-Ei zu holen, dann solltest du in den Kalender gucken. Erst
recht, wenn du Büroklammern säen sollst oder Löcher sammeln. Wetten, dass dann im Kalender der 1. April steht?
Seit ungefähr fünfhundert Jahren tut man an diesem Tag etwas
Besonderes: Man »schickt die Leute in den April«.
Warum? Man weiß es nicht ganz genau. Es kann damit zu tun
haben, dass der König von Frankreich vor vierhundertfünfzig
Jahren den Neujahrstag vom 1. April auf den 1. Januar verlegte.
Damals bekam man zu Neujahr Geschenke. Die gab es nun am
1. Januar. Am 1. April schenkte man sich aber immer noch etwas, doch lustige Sachen. Das konnte ein Päckchen getrockne-
tes Wasser sein oder eine Tüte süßes Salz. Außerdem überlegte
man sich Aufträge, die ein anderer gar nicht erledigen konnte.
Wenn er es trotzdem versuchte, weil er nicht in den Kalender
geschaut hatte, lachte man ihn aus und nannte ihn April-Narr.
Vielleicht hängt es auch mit Jesus zusammen. In der Bibel steht,
dass er am 1. April von Pontius zu Pilatus geschickt wurde. Über
diese Redensart kannst du mehr auf der Seite 104 lesen. Der
Weg, den Jesus damals gehen musste, war ein überflüssiger und
nutzloser Gang, weil nämlich nichts dabei herauskam. Vielleicht haben deshalb Menschen ihren Kindern und Freunden
Scherz-Aufträge gegeben.
Na, und schließlich ist der April selbst ein Monat mit sehr

wechselhaftem Wetter. Er narrt einen mit Sonnenschein, der plötzlich in Hagel übergeht, dann in Sturm mit Regen, wieder in Sonne und schließlich in Schnee. Der April scheint sich über uns lustig zu machen. Vielleicht haben die Menschen sich früher deshalb gesagt: »Wenn der Monat schon mit uns solche Scherze treibt, dann wollen wir es erst recht lustig haben.« Leicht kann es sein, dass alle drei Erklärungen stimmen. Jedenfalls muss man am 1. April sehr aufpassen. In der Zeitung steht an diesem Tag, dass jeder, der mit einer roten Pudelmütze und grünen Hosen auf dem Marktplatz erscheint, ein halbes Auto geschenkt bekommt. Am 3. April sieht man dann ein schönes Bild in der Zeitung: Hundert Leute aus allen Stadtteilen mit grünen Hosen und roten Pudelmützen, die man »in den April geschickt hat«.

*Was rappelt in der Kiste oder*

# EIN BLINDER PASSAGIER SEIN

Jan Olten war Kapitän auf dem Flussschiff »Franziska«. Kalt war es im Hafen von Bamberg. Also stieg er in den Lagerraum, wo die Kleiderkiste stand. Doch als er sie öffnete, lag da in den Jacken ein kleiner Junge und schlief. *Ein prima Versteck*, dachte sich Jan Olten. Dann leuchtete er dem Jungen mit der Taschenlampe ins Gesicht und rief: »Aufwachen! He, du! Blinder Passagier!« – »Ich bin nicht blind«, sagte der Junge schlaftrunken. »Na, dann komm mal raus, du sehender Moses.« – »Ich heiße Kevin«, sagte der Junge. »Na«, sagte der Mann, »wir nennen den Jüngsten an Bord immer Moses. Der Prophet aus der Bibel hieß so. Der wurde als Baby in einem Schilfkörbchen ins Wasser gesetzt. Deshalb war er der jüngste Seefahrer aller Zeiten. Und was machst du hier?« – »Ich will weg von daheim, weil ich eine Sechs in Erdkunde habe. Aber warum soll ich blind sein?« – »Das sagt man so, weil ›blind‹ nicht nur bedeutet, dass jemand nichts sieht. Es heißt auch, dass etwas ohne Funktion ist, wie aufgemalte Türen und Fenster. Oder dass etwas nicht gesehen werden kann und soll. Wie ein blinder Passagier eben.« Kevin nickte still. Dann fragte er: »Und jetzt?« – »Jetzt rufen wir deine Eltern an, dass du dich im Hafen verlaufen hast. Muss ja niemand wissen, dass du mit nach Rotterdam wolltest.«
Schon seit der Postkutschenzeit haben sich Reisende versteckt, um ohne Bezahlung zu fahren. Und weil sie nicht gesehen werden wollten, nannte man sie »blinde Passagiere«.

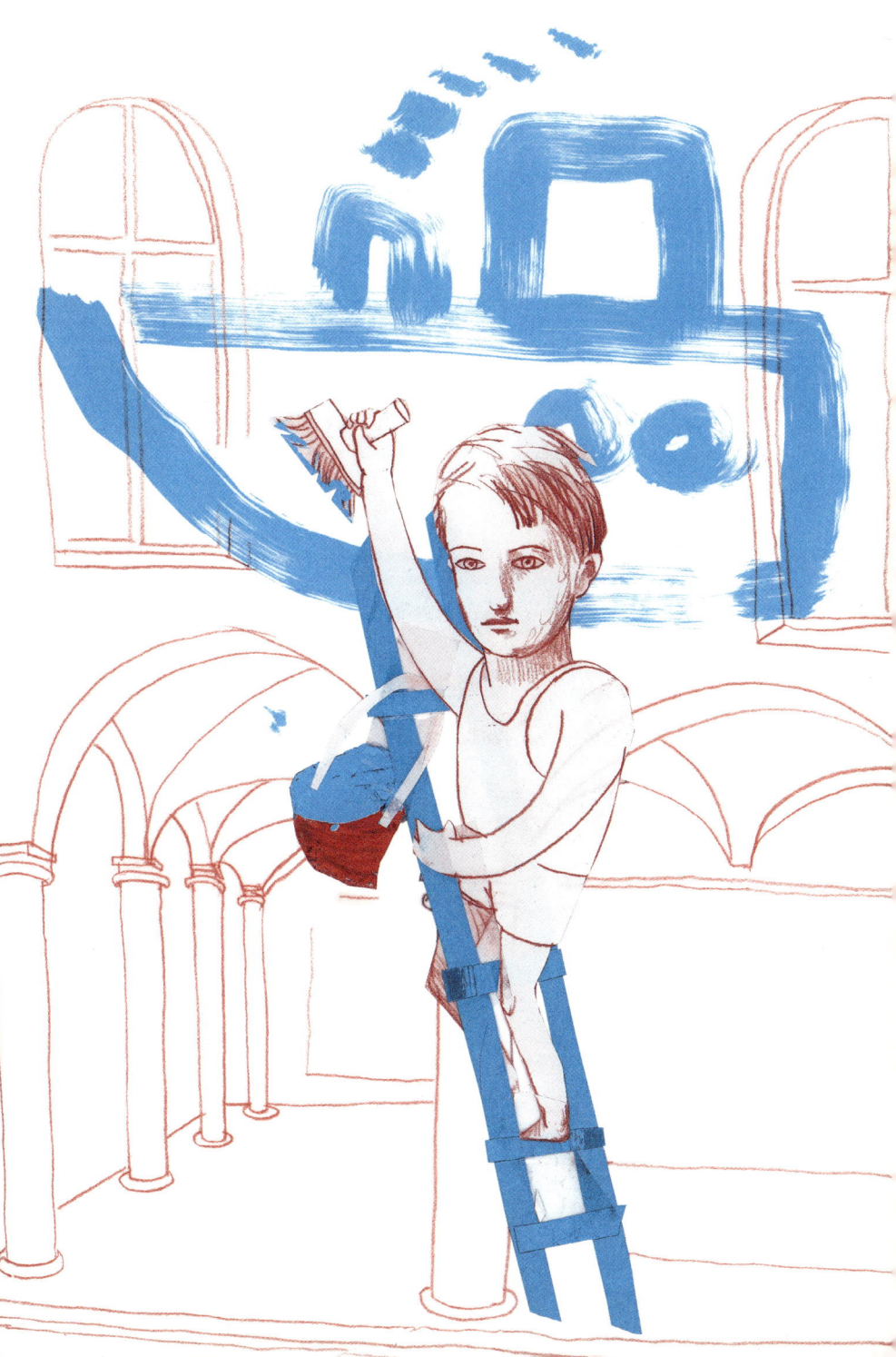

*Weiß der Teufel! oder*

# ETWAS AUSBALDOWERN

Zwei Gauner warteten nachts hinter einem Baum. Sie waren mucksmäuschenstill. Man hätte höchstens ihre Schatten bemerken können, die auf den Weg fielen. Nach einer Zeit flüsterte der eine ganz, ganz leise: »Wo bleibt nur Karl? Sonst braucht er doch nicht so lange, um zu baldowern.« Kaum hatte er das gewispert, da hielt ihm jemand blitzschnell von hinten den Mund zu. »Bin schon da!«, raunte Karl, und er sprach so leise, wie ein Krebshusten oder Spinnenlachen. »Stell dir vor, ich wär' der Polizist gewesen! Dann müsstet ihr beiden jetzt schön ins Gefängnis.« Der Gauner schüttelte Karls Hand ab und sagte nicht sehr leise: »Du sollst dich an die Reichen anschleichen, nicht an deine Kameraden! Was ist nun? Können wir den Schatz beim alten Adalbert holen?« – »Ja und nein«, antwortete Karl, »denn wir können ihn holen. Doch wenn wir es versuchen, holt uns der Teufel in Gestalt eines klugen schwarzen Hundes, der seit Neuestem dort Wache hält.« Da sprach der zweite Gauner: »Dann lassen wir es. Gut baldowert, Karl!« Und damit schlichen sie zurück in den nahen Wald.

Tatsächlich nannten Gauner und Bettler einen Kundschafter, der etwas herausfinden sollte, »Baldower«. Das kam aus dem Hebräischen und war früher mal sogar ein Name für den Teufel. Wegen der Ähnlichkeit zu »auskundschaften« verwandelte sich »baldowern« zu »ausbaldowern«. Und so verwenden wir es bis heute, wenn einer etwas geschickt in Erfahrung bringen will.

*Starke Worte oder*

# JEMANDEM UNTER DIE ARME GREIFEN

*Jemanden auf den Arm nehmen*

Als die Schule aus ist, macht sich Felix auf den Weg zu seinem Opa. Dort gibt es oft Nudeln mit Soße. Die ist zwar selbstgemacht, schmeckt aber trotzdem. Heute freut sich Felix besonders auf Opa. Kaum öffnet der ihm die Tür, ruft Felix: »Weißt du, dass ich heute einen tollen Trick gelernt habe? Wenn ich will …« – »Das heißt erst einmal ›Guten Tag‹ oder wenigstens ›Hallo, Opa!‹. Haben dir deine Eltern immer noch keine Manieren beigebracht?« – »Hallo, Opa!«, sagt Felix und redet gleich weiter: »Wenn ich will, kann ich dich zum Kind machen!« Opa fragt lachend: »Willst du mich auf den Arm nehmen?« – »Mist!«, sagt Felix, »du kennst es schon.« Nun ist Opa ganz verwirrt: »Wie bitte?« Felix erklärt: »Wenn man jemandem etwas vorlügt oder sich über ihn lustig macht, sagt man doch: ›Ich nehme ihn auf den Arm.‹ Und zwar deshalb, weil man ihn in dem Moment wie ein kleines Kind behandelt, das man einfach auf den Arm nehmen kann. Kleinen Kindern kann man die seltsamsten Sachen erzählen, ohne dass sie sich wundern.« – »Da lernt ihr ja mal etwas Vernünftiges in der Schule!«, sagt Opa. »Habt ihr auch gelernt, warum man jemandem unter die Arme greift?« – »Das heißt helfen«, sagt Felix. »Vielleicht, weil man mit vier Armen mehr heben kann.« – »Stimmt!«, sagt Opa. »Es gibt aber auch noch eine Stelle in der Bibel, die früher jeder kannte. Da findet eine Schlacht statt,

und der Prophet Moses hebt
betend seine Arme, damit Gott
die Israeliten siegen lässt. Erst
steht es gut für sie. Doch dann
ermüdet Moses und lässt die
Arme sinken. Sofort wendet sich
das Kriegsglück. Da greifen
zwei Helfer Moses rasch unter
die Arme und halten sie hoch,
so dass er bis zum Sieg weiterbeten
kann.« – »Ich könnte«, sagt Felix, »dir ja
auch ein wenig unter die Arme greifen und den
Tisch decken. Ich hab nämlich Hunger.« – »Gute Idee!«,
sagt Opa. Und nach zehn Minuten regen sich ihre Arme nur
noch, um Nudeln mit Soße in den Mund zu schieben.

*Die doppelte Rechnung oder*

# EIN X FÜR EIN U VORMACHEN

*In der Kreide stehen / Jemandem etwas ankreiden*

»Bier her!« So rief vor vierhundert Jahren Hans Habermehl im Gasthaus »Zur Sonne«. »Meine Frau hat gerade Zwillinge geboren. Einen gesunden Sohn und eine schöne Tochter.« Dem Wirt war es recht, und er schenkte ihm ein Bier ein. Dann nahm er ein Stück Kreide und machte einen Strich. Hans Habermehl hörte in den nächsten zwei Stunden nicht auf zu erzählen und zu trinken. Sein Kopf wurde schwer. Und der Wirt machte nach jedem Bier einen Strich, außer beim fünften. Da wischte er die vier Striche fort und schrieb ein großes V, denn damals verwendete man oft noch die römischen Zahlen. Da bedeuten Buchstaben Zahlen. Das V steht für die 5, das X für die 10, das L für die 50 und das C für 100. So viel trank Hans Habermehl nicht, aber fünf Bier waren schon mehr als genug für ihn. Er musste dringend an die frische Luft. »Herr Wirt, was muss ich bezahlen?«, fragte er. Der Wirt nahm die Tafel, die Kreide und ging zu Hans Habermehl. Auf dem Weg verlängerte er schnell die beiden Linien des V ein wenig. Das sah jetzt wie ein verunglücktes X aus. »Hier seht Ihr es, werter Herr und stolzer Vater: Zehn Bier habt ihr getrunken auf die Gesundheit Eures Zwillingspaares.« Hans Habermehl schaute auf die Tafel und wunderte sich. Unglaublich! Viel mehr konnte er allerdings nicht denken. Und außerdem musste er dringend auf die Straße. »Ist schon recht, Herr Wirt. Dabei vertrag ich sonst höchstens drei.

Es wird wohl die Freude sein.« Dann bezahlte er und torkelte ins Freie.

So wie der gerissene Wirt haben es früher wohl manche Betrüger gemacht. Indem sie aus dem V ein X machten, verdoppelten sie den Betrag der Rechnung. Weil damals das V und das U oft nicht unterschieden wurden, konnte man sagen »ein X für ein U vormachen«. Ach ja, und weil man die Rechnung mit Kreide auf Tafeln schrieb, sagte man: »Jemand steht bei einem in der Kreide«, wenn er ihm etwas schuldete. Wenn man jemanden aber etwas vorwirft, heißt es »jemandem etwas ankreiden«. Weil Schulden und Schuld etwas Ähnliches sind.

*Schnell erwischt oder*

# LÜGEN HABEN KURZE BEINE

Robert hatte gar keine Lust, zur Schule zu gehen. Er sagte zu seiner Mutter: »Mir ist schlecht. Mir ist so heiß.« Seine Mutter griff ihm an die Stirn und sagte: »Es fühlt sich nicht an wie Fieber, aber wir wollen mal messen.« Als sie ihm das Thermometer gab und in der Zwischenzeit unten nach dem Kaffee schaute, lief Robert ins Bad. Dort ließ er warmes Wasser über das Thermometer laufen und rannte schnell zurück ins Bett.

Als die Mutter das Thermometer ablas, erschrak sie: »43,5 Grad! Das gibt's doch nicht!« Robert freute sich. Jetzt würde er daheimbleiben dürfen. Die Mutter schaute auf das Thermometer. Dann sah sie Robert an und sagte ernst: »Du lügst, mein Lieber!« Robert fühlte sich auf einmal wirklich krank. Er schämte sich. Dann sagte er: »Ich wollte heute einfach nicht zur Schule! Und dann hab ich das Thermometer unter das warme Wasser gehalten. Wie hast du das bloß gemerkt?«

»Lügen haben kurze Beine, mein lieber Sohn. Das heißt: Mit Lügen kommt man nicht weit. Man stellt sie sich vor wie Menschen mit kurzen Beinen. Und dich habe ich erwischt, weil ein Mensch höchstens 42,6 Grad Temperatur haben kann. Sonst stirbt er. »Dann«, sagte Robert, »gehe ich rasch in die Schule, mit ganz langen Beinen.« Da musste seine Mutter lachen und sagte: »Also, ich nehme das mal als Entschuldigung. Jetzt aber los, dann kommst du noch rechtzeitig.« Und tatsächlich saß Robert Punkt 8 Uhr auf seinem Platz.

*Zu später Einfall oder*

# DAS IST EIN TREPPENWITZ

Es war in Frankreich vor dreihundertfünfzig Jahren. Da redeten in einem schönen Schloss viele Damen und Herren angeregt miteinander. Immer wieder mussten die Gäste rasch ihre Tassen hinstellen oder das Gebäck hinunterschlucken, um zu lachen, weil reihum witzige Bemerkung fielen. Nur einer lachte sehr wenig und redete gar nicht. Das war Marc. Er erlebte zum ersten Mal eine so geistreiche Gesellschaft. Sonst fielen ihm viele lustige Geschichten und Wortspiele ein. Heute kam ihm sein Kopf vor wie ein leerer Heuschober. »Ich fühle mich unwohl. Ich gehe«, sagte Marc schließlich. Als er nun die lange Treppe zum Schlosstor hinabging, da wäre er fast gestolpert. Denn plötzlich fielen ihm hundert lustige Geschichten ein. Doch zum Umkehren war es zu spät.

So wie Marc geht es auch mir manchmal: Die besten Ideen kommen mir erst, wenn die Gelegenheit vorüber ist. Das nannte man vor dreihundert Jahren »Treppenwitz haben«.

Vor über hundert Jahren erschien dann das sehr erfolgreiche Buch »Der Treppenwitz der Weltgeschichte«. Darin versammelte sein Autor Berichte und Aussprüche der Vergangenheit. Alle hatten sich Leute aber erst nachträglich ausgedacht, um Ereignisse der Geschichte witzig oder merkwürdig zu erklären. Und deshalb sagt man noch heute, wenn etwas Seltsames, Überraschendes geschieht, das allen Erwartungen widerspricht: »Das ist ja ein Treppenwitz!«

*Ein mutiger Student oder*

# MEIN NAME IST HASE

Es war im Winter 1855, als ein Student auf der Flucht in Heidelberg eintraf. Er hatte in einem Duell seinen Gegner getötet. Nun war die Polizei hinter ihm her. Er suchte eine Möglichkeit, über die Grenze nach Frankreich zu gelangen. Da traf er den Studenten Viktor Hase und bat ihn um Hilfe. Hase lieh ihm seinen Studentenausweis, obwohl das streng verboten war. Das genügte dem Flüchtling als Pass, um nach Frankreich zu entkommen. In Freiheit ließ er den geliehenen Hase-Ausweis einfach fallen. Doch der wurde gefunden und erregte Verdacht. Die französischen Behörden schickten den Ausweis nach Heidelberg an das Universitätsgericht. Das befahl Viktor Hase, Auskunft über die Reise seines Ausweises zu geben.

Zum Glück studierte Hase Rechtswissenschaften. Er wusste deshalb, dass man vor Gericht eine Schuld nicht zugeben muss. Nur die Frage nach dem Namen musste man beantworten. Der Richter fragte sehr ernst: »Wie ist Ihr Ausweis nach Frankreich gekommen? Was haben Sie angestellt?« Hase ließ sich nicht einschüchtern. Was auch immer man ihn fragte, er sagte nur: »Mein Name ist Hase, ich verneine die Generalfragen, ich weiß von nichts!« Der Richter konnte ihm nichts nachweisen. Viktor Hase verließ das Gericht als freier Mann. Seine mutige Tat vor Gericht machten Hase zum Helden unter den Studenten Heidelbergs. Bald kannte jeder in Deutschland seinen frechen Spruch. »Mein Name ist Hase, ich weiß von nichts.«

# 3.
# AUSSER SPESEN NICHTS GEWESEN

*Redewendungen über Pech und Verlust*

*Der gutmütige Schmied oder*

# ALLES FÜR DIE KATZ

Im schönen Harz lebte ein Schmied. Er hatte starke Arme, um Hufeisen oder Nägel mit Köpfen zu schmieden. Und er hatte ein weiches Herz. In der Kirche hatte er den Pfarrer sagen hören, man solle alle Menschen brüderlich behandeln. Da beschloss der Schmied, für Arbeit kein Geld zu verlangen. Er wollte nur das nehmen, was ihm die Leute freiwillig gaben.

Gesagt, getan. Als der Bauer Huber sein Pferd beschlagen lassen wollte, sagte der Schmied. »Ich tue es aus brüderlicher Zuneigung. Ich will von Euch nur, was Ihr mir freiwillig gebt.« Da gab der Huber Bauer dem Schmied seinen herzlichen Dank und ging froh mit dem frisch beschlagenen Pferd davon. Unterwegs erzählte er allen, dass der Schmied kein Geld verlange. Natürlich kamen in den nächsten Tagen mehr und immer mehr Menschen, so dass der Schmied viel zu tun hatte. Außer einem »Danke schön!« bekam er aber von keinem etwas.

Weil sein Verstand nicht so stark war wie seine Arme, musste er länger nachdenken. Er überlegte: »Wenn die Leute mir nur ihren Dank geben, so ist er vielleicht besonders wertvoll, und ich merke es nur nicht. Nun, ich will es überprüfen.«

Der Schmied nahm also seine Katze, die vom erfolgreichen Mäuse- und Rattenjagen ein wenig rund geworden war und ganz seidiges Fell hatte. Die band er in seiner Werkstatt an, so dass sie nichts mehr fangen konnte. Da kam eine Frau, deren Schürhaken repariert werden musste. Sie ging bald, ohne zu bezahlen, davon und sagte nur: »Vielen Dank!« Der Schmied meinte daraufhin: »Katz, das ist für dich.« Danach kam ein Mann, der ein neues Messer wollte. Wieder bezahlte er am Ende nichts dafür und sagte nur: »Danke schön!« Der Schmied meinte: »Katz, das geb' ich dir.«

So ging es ein paar Tage. Die schöne, runde Katze bekam nur den Dank der Leute und wurde immer magerer. Schließlich verhungerte sie, weil der Schmied nicht klug wurde. Jetzt stand er betrübt bei dem toten Tier und sagte sich: »Ich kann so nicht weitermachen, sonst geht es mir wie der Katze.«

Diese Geschichte erzählte vor fünfhundert Jahren Burkhard Waldis. Und weil viele Menschen sie sich erzählten, bildete sich die Redensart »Alles für die Katz« heraus, wenn etwas umsonst, vergeblich oder fehlgeschlagen war. Schließlich hatte die Katze alles vom Schmied bekommen, was ihm die Leute gaben, und war trotzdem gestorben. Außerdem hatte der Schmied umsonst gearbeitet. Wenn alles für die Katz war, war es auch umsonst.

Bei Katzenbesitzern hat der Spruch heute einen vollkommen neuen Klang bekommen. Bei ihnen heißt »Alles für die Katz«, dass sie ihren Stubentiger mit Leckereien verwöhnen.

Ach, es kann übrigens auch sein, dass »alles für die Katz« einfach deshalb entstanden ist, weil Katzen früher nur selten etwas zu fressen bekamen. Wenn überhaupt, dann waren es wertlose Reste, die niemand sonst haben wollte. »Alles für die Katz« könnte also auch heißen: Das ist so danebengegangen, dass es nur noch für die Katze taugt.

*Was für ein Durcheinander oder*

# DA HABEN WIR DEN SALAT

»Da haben wir den Salat!«, ruft Markus, als der Schuss weit über das Tor hinausgeht und der Ball im Gebüsch landet. Mario wundert sich: »Hast du schon wieder Hunger? Und wieso Salat? Eine Pizza oder Pasta wären mir lieber.« Markus dreht sich um und sagt: »Da merkt man, dass du Italiener bist. Das sagt man hier so, wenn etwas nicht geklappt hat, wenn etwas Blödes passiert.« – »Salat ist aber doch etwas Feines! Jedenfalls wenn ihn meine Mama macht.« Marios Vater ist Deutscher, seine Mutter Italienerin. Leider hat sie zu wenig Zeit zum Kochen, findet Mario. »Könntest du dich vielleicht mal um den Ball kümmern, Markus?«, fragt der Trainer. »Wer ihn verschossen hat, muss ihn auch holen.« – »Wissen Sie vielleicht, wieso es heißt ›Da haben wir den Salat‹?«, fragt Mario. »Das müsste ich eher dich fragen«, sagt der Trainer. »Salat kommt schließlich aus dem Italienischen. ›Insalata‹ heißt dort ›das Eingesalzene‹. Aus Lebensmitteln, die man mit Salz haltbar gemacht hatte, stellte man gerne gemischte Speisen her. Erst nur aus eingemachtem Gemüse, dann auch aus frischem Grünzeug, wie eben aus Kopfsalat oder anderen Blattsalaten. Der Begriff setzte sich in Deutschland und anderen Ländern als Bezeichnung für Kopfsalat durch, aber auch für einige andere Gerichte wie Fleischsalat oder Obstsalat.« – »Obstsalat schmeckt klasse!«, ruft Markus. »Klar!«, sagt der Trainer. »Salat war aber immer ein Durcheinander, ein Mischmasch. Und das konnte manch-

mal gar nicht klasse sein. Wenn sich zum Beispiel viele Elektro-
kabel verwickelten, dann sagte man zu dem ärgerlichen Wirr-
warr ›Kabelsalat‹. Und deshalb sagt man heute für blöde
Sachen, die passieren, ›Da haben wir den Salat‹.«
Plötzlich fliegt der Ball aus dem Gebüsch auf den Platz zurück.
»Das gibt's doch nicht!«, rufen Markus, Mario und der Trainer.
Doch durch die Zweige kommt Susanne von der Mädchen-
mannschaft und schimpft: »Könnt ihr auf euren Ball nicht besser aufpassen? Der ist schon wieder in unser Feld gerollt. Mitten im Spiel! Wenn das noch einmal passiert, mach ich Hack-
fleisch aus euch!« – »Oder Fleischsalat«, meint Mario. »Nudel-
salat!«, sagt der Trainer. »Kabelsalat!«, sagt Markus. Susanne
versteht die Welt nicht mehr. »Ihr seid ja total durcheinander!«,
meint sie. »Eben! Eben!«, sagt Mario. Doch mehr kann er nicht
sagen, weil er, Markus und der Trainer so sehr lachen müssen.

*Total sauer oder*

# DAMIT IST ES ESSIG

Aus dem offenen Fenster dringt Lachen und heiterer Lärm. Wenn wir hineinschauen, dann sehen wir sie sitzen: den Bernhard, den Robert und seine Freunde. Vielleicht haben sie schon viel getrunken. Vielleicht sind sie nur guter Laune. Jetzt öffnet sich die Tür, und herein kommt noch der Rolf mit einem wichtigen Gesicht und einer Flasche: »Schaut mal her, ihr Lieben«, sagt er. »Hier ist etwas, das bekommt ihr nirgendwo sonst!« Rolf stellt die Flasche vorsichtig auf den Tisch und dreht den Korkenzieher in den Korken. »Das ist selbstgemachter Holunderwein! Von mir höchstpersönlich! Jede einzelne Blüte handverlesen.« Rolf schenkt jedem ein Glas ein, auch sich selbst. Dann ruft er: »Prosit!« Und: »Möge es munden!« Aber nur einen Moment später ziehen alle saure Mienen. »Schmeckt ein bisschen wie Knüppel auf den Kopp«, meint Bernhard. »Das ist höchstens Holunder-Essig«, sagt Robert und spuckt den Rest ins Glas zurück. Rolf steht schnell auf und holt noch weitere Flaschen. Alle schmecken sie gleich. Da seufzt er enttäuscht: »Mit meinem Holunderwein ist es Essig.«
So geht es und so ging es immer wieder. Die Menschen versuchen Wein zu machen. Aber wenn er falsch gärt, wird es kein gut schmeckendes Getränk, sondern ein saurer oder bitterer Fusel, der an Essig erinnert. Deshalb sagt man, wenn etwas fehlschlägt und wertlos geworden ist: »Damit ist es Essig.« Oder auch: »Jetzt ist alles Essig.«

*Alles verloren oder*

# SEIN WATERLOO ERLEBEN

Vor zweihundert Jahren lebte der Feldherr und Kaiser Napoleon in Frankreich. Der konnte am besten Kriege führen und am zweitbesten Gesetze erlassen. Über viele Jahre gewann Napoleon die allermeisten Schlachten. Als er sich im Jahr 1814 aber doch einer feindlichen Übermacht ergeben musste, ärgerte er sich mächtig. Die Feinde aus ganz Europa setzten ihn als Kaiser von Frankreich ab. Sie schickten Napoleon sogar aus Frankreich fort und zwangen ihn, auf der Insel Elba zu leben. Kein Zweifel: Sie hatten Angst vor ihm, denn Napoleon war unter den Franzosen immer noch beliebt.

Napoleon wusste das auch. Und so büxte er eines Nachts aus und fuhr übers Meer nach Frankreich. Dort empfingen ihn viele mit Jubel. Vor allem seine ehemaligen Soldaten wollten gleich wieder mit ihm in den Krieg ziehen. Darauf mussten sie nicht lange warten, denn die Feinde in Europa schickten bald ihre Heere, um den kaiserlichen Unruhestifter Napoleon ein für alle Mal zu besiegen.

In Belgien fand schließlich eine furchtbare Schlacht statt. Der englische Feldherr Wellington befehligte ein großes Heer, Napoleon auch. Viele Soldaten starben. Besonders erbittert kämpfte man um eine Art großen Bauernhof, den man Belle-Alliance nannte. Das heißt auf Deutsch »Schöne Allianz« oder »Schöne Gemeinschaft«. Fast hätte Napoleon wieder einmal gesiegt, doch preußische Truppen kamen noch rechtzeitig zur

Unterstützung seiner Gegner. Am Ende war Napoleon geschlagen und wenige Tage später für immer in Gefangenschaft.

Der siegreiche Feldherr Wellington wollte seinen Landsleuten möglichst schnell von seinem Erfolg berichten. Am schnellsten ging das damals mit einem Telegramm. Das war eine Nachricht, die man durch einen Draht schicken konnte. Der nächste Ort, wo er das Telegramm abschicken konnte, hieß Waterloo. Als sich die Nachricht in England verbreitete, sprachen alle erst über das Sieg-Telegramm von Waterloo und später nur noch vom Sieg bei Waterloo. Man dachte, die Schlacht habe sich dort ereignet.

Napoleon hatte mit dieser Schlacht im Jahr 1815 endgültig ausgespielt. Diesmal verbannte man ihn auf die viele tausend Kilometer entfernte Insel St. Helena, wo er seine letzten Lebensjahre verbringen musste.

Weil der sonst so siegreiche und berühmte Feldherr Napoleon eine vollständige Niederlage erlitten hatte, wurde die Schlacht redensartlich. Bei den Preußen sagte man zwar ganz richtig, es sei der Sieg bei Belle-Alliance gewesen. Durchgesetzt hat sich aber die englische Form. Heute sagen nun alle, wenn jemand einen totalen Misserfolg hat: »Der hat sein Waterloo erlebt.«

*Nass und nässer oder*

# VOM REGEN IN DIE TRAUFE KOMMEN

Die ersten Tropfen trafen die Wandergruppe noch in guter Laune. »Ach, Erfrischung tut gut«, sagte Evelyn: »Das hört gleich wieder auf.« Als es zu regnen begann, meinte Nils hoffnungsfroh: »Da hinten wird's schon heller.« Doch dickere Tropfen fielen. Nicht ganz überzeugt, rief Sebastian: »Das kann ja nicht ewig so weiterregnen!«

Inzwischen hatte Evelyn eine Feldscheune entdeckt. »Kommt, stellen wir uns unter.« Das vorstehende Dach sollte sie schützten. Aber die Regenrinne war verstopft. Plötzlich ergoss sich von der Dachtraufe her ein Wasserschwall auf Evelyn, Nils und Sebastian. »Tja, vom Regen in die Traufe«, meinte Evelyn.

Weil an der Unterkante des Daches, die man Traufe nennt, die ganze Regenmenge der Dachfläche zusammenläuft, kann es zu einem großen Schwall kommen, der nasser macht als die einzelnen Regentropfen. So sagt man, wenn jemand eine Verbesserung seiner Lage sucht, aber eine Verschlimmerung erreicht: »Er ist vom Regen in die Traufe gekommen.«

*Gar nichts oder*

# IN DIE RÖHRE GUCKEN

*In den Mond schauen*

Am 12. August war es wieder so weit. Der Himmel war wolkenlos. Manuel konnte das Ende des Abendessens kaum erwarten. Dann nahm er das große Fernrohr seines Vaters und stieg vorsichtig zum Flachdach hinauf. Seine Mutter begleitete ihn. Bedächtig stellte Manuel das Fernrohr auf. Die Bäume ums Haus schirmten sie gegen das Licht der fernen Stadt ab. Es war so dunkel wie Rabenfedern in Teer. Perfekt, um die vielen, vielen Sternschnuppen zu betrachten, die jedes Jahr um diese Zeit kamen. Doch Manuel konnte nichts sehen mit dem Fernrohr. Dabei wusste er doch, woher sie kommen mussten. Er ärgerte und wunderte sich gleichzeitig. »Na, schaust du in die Röhre?«, fragte seine Mutter. Manuel ärgerte sich jetzt nur noch: »Natürlich schau ich in die Röhre, wenn du damit das Fernrohr meinst, aber ich sehe nichts.« – »Manchmal ist man selbst schuld, wenn man in die Röhre schaut«, sagte die Mutter. »Nimm doch mal den Objektivdeckel ab!« – »Mist! Den hab ich vergessen!«, schimpfte Manuel mit sich selbst. »Aber warum sagt man das überhaupt mit der Röhre?« Die Mutter lachte: »Das kommt einerseits wirklich vom Fernrohr her und dazu vom Mond. Früher sagte man: ›Jemand schaut in den Mond‹, wenn einer nichts bekam oder wenn seine Erwartungen nicht erfüllt wurden. Der Mond galt als sehr unzuverlässig und täuschend, weil er dauernd seine Gestalt verändert. Das bleibt ja so, selbst wenn man mit einem Fernrohr, also einer Röhre, auf ihn schaut. Außerdem sollte es dumm machen, lange in den Mond zu sehen. Und dann ging es noch um alte Toiletten, die einfach eine Röhre hatten, durch die alles in ein großes Loch plumpste. In diese Plumpskloröhre zu schauen war natürlich unangenehm. Das, was man da sah, erst recht.« – »Wer in die Röhre schaut«, sagte Manuel, »täuscht sich also oder bekommt statt der erhofften Sachen nur einen großen Haufen …« – »Genau!«, unterbrach ihn seine Mutter und nahm den Objektivdeckel weg. »Da ist es doch viel besser, sich Sternschnuppen anzusehen und sich dabei etwas zu wünschen. Das muss man ja im Stillen tun. Wenn du aber ein bisschen murmelst, geht es vielleicht trotzdem in Erfüllung.«

*Eine seltsame Wette oder*

# EINE HIOBSBOTSCHAFT BEKOMMEN

Im Lande Uz lebte vor langer, langer Zeit ein reicher Mann mit Namen Hiob. Er besaß siebentausend Schafe, dreitausend Kamele, fünfhundert Gespanne Rinder und fünfhundert Eselinnen. Zehn Kinder hatte er mit seiner Frau, dazu viele Männer und Frauen, die ihm dienten. Überall im Lande Uz lobte man Hiob, weil er ein guter Mensch war und weil er fest an Gott glaubte.

Als Gott und der Teufel einmal zusammen sprachen, zeigte Gott auf Hiob, und auch er lobte ihn. Da meinte der Teufel: »Na, wenn es einem so prima geht, dann ist es leicht, an Gott zu glauben und ihm für alles zu danken. Wollen wir wetten, dass er dich verflucht, wenn ich ihm seinen Besitz nehme?« Gott vertraute auf Hiobs Glaubensstärke und sagte dem Teufel: »Versuch dein Glück und mache mit Hiob, was du willst.« Das ließ sich der Teufel nicht zweimal sagen.

Wenig später kam ein Knecht zu Hiob und sagte: »Diebe sind gekommen, haben die Rinder und Eselinnen gestohlen und alle Diener getötet. Nur ich konnte mich retten.« Da unterbrach den ersten ein zweiter Knecht und sagte: »Feuer fiel plötzlich vom Himmel, als ich bei den Schafen war. Alle Diener und alle Schafe wurden vernichtet. Nur ich konnte entkommen.« Da kam schon ein dritter Knecht und rief: »Diebe kamen auch zu den Kamelen, raubten sie und schlugen die Diener tot. Nur ich konnte entkommen.« Da kam ein vierter Knecht und unterbrach den dritten: »Ein Sturm fuhr in das Haus deines Bruders, in dem deine Kinder aßen und tranken. Da brach es zusammen und erschlug sie alle. Nur ich bin entkommen.«

Da trauerte Hiob sehr, doch er gab Gott nicht die Schuld und verfluchte ihn nicht.

Das ärgerte den Teufel. Und als er Gott das nächste Mal sah, sagte er: »Wenn ich Hiob selbst an seinem Körper Schaden zufügen darf, dann wird er böse werden. Dann wird er dich verfluchen.« Gott sprach: »Tue mit Hiob, was du willst, nur achte auf seine Seele.« Da schickte der Teufel Hiob eine scheußliche Hautkrankheit, die ihn von Kopf bis Fuß quälte. Hiob verfluchte Gott auch jetzt nicht. Aber er forderte von ihm Gerechtigkeit. Schließlich hatte er selbst immer gerecht gehandelt und richtig gedacht und gebetet.

Da sprach Gott zu Hiob aus einem Gewitter. Er zeigte Hiob seine Macht und Größe, die man nicht vor ein Gericht ziehen dürfe. Das sah Hiob lieber ein. Am Ende gab Gott Hiob wegen seines Glaubens und seiner Standhaftigkeit doppelt so viel Vieh, wie er zuvor besessen hatte. Und dazu bekam Hiob noch einmal sieben Söhne und drei Töchter.

Diese seltsame, berühmte Geschichte steht in der Bibel. Und wegen der schlimmen Botschaften der Knechte, die Hiob von Diebstahl und Tod berichten, sagt man noch heute bei einer üblen Nachricht: »Da habe ich eine Hiobsbotschaft bekommen.«

*Da haste keine Töne mehr oder*

# FLÖTEN GEHEN
*Aus dem letzten Loch pfeifen*

Yvonne packt rasch ihre Sachen zusammen, rennt die Treppe hinunter und ruft ihrer Mutter zu: »Ich muss noch flöten gehen.« – »Nein«, lacht ihre Mutter, »das musst du nicht und das sollst du nicht.« Yvonne versteht gar nichts mehr: »Aber Frau Götz wartet auf mich. Um 14 Uhr 30 muss ich beim Flötenunterricht sein.« – »Klar«, sagt ihre Mutter, »aber erstens musst du nicht flöten *gehen*, weil ich dich fahren werde. Ich muss noch einkaufen. Und dann *sollst* du nicht flöten gehen, weil

ich dich noch gern etwas behalten würde.« – »Ach so«, sagt Yvonne, »weil ›flöten gehen‹ auch ›verlieren‹ heißt. Das ist aber ein blöder Ausdruck. Warum heißt es nicht ›geigen gehen‹ oder ›trompeten gehen‹?« – »Da ist man sich nicht ganz sicher«, sagt ihre Mutter, »denn so heißt es schon seit fünfhundert Jahren. Eine Zeit lang meinte man, es komme vom Flötenton, der schnell verfliege. Heute denkt man eher, dass es mit der Flöte wohl nichts zu tun hat, sondern – hm, na ja, mit dem Aufs-Klo-Gehen.« – »Wie bitte?«, fragt Yvonne entsetzt. »Doch, doch«, sagt ihre Mutter, »denn im Holländischen heißt ›fluiten gan‹, also …« – »Mama«, ruft Yvonne, »ich bin schon neun. Sag doch einfach, was es heißt.« – »Also es heißt ›sein kleines Geschäft machen‹; pinkeln eben. Und weil man dazu wegging von den anderen, heißt es auch ›verschwinden‹. Du sollst aber auf keinen Fall verschwinden. Sondern jetzt mit mir losfahren, sonst kommen wir zu spät zum Flötenunterricht.« – »›Wir‹ ist gut!«, meint Yvonne. »Frau Götz wird mit mir schimpfen, nicht mit dir.«

Während sich beide die Jacken anziehen, fällt Yvonne noch etwas ein: »Auf dem letzten Loch pfeifen, das hat aber doch mit der Flöte zu tun, oder?« – »Ja«, sagt ihre Mutter, »oder mit anderen Instrumenten, die man mit Fingern auf den Löchern spielt.« – »Jetzt ist mir alles klar«, sagt Yvonne, »denn es ist schwierig, wenn ich auf dem letzten Loch pfeife. Das sind so hohe Töne. Außerdem geht es nach dem letzten Loch nicht mehr weiter. Dann ist wirklich Schluss.«

*So eine Flasche! oder*

# EIN FIASKO ERLEBEN

»Jetzt kommt es drauf an, lieber Marco! Mach deine Sache gut«, sagte Meister Luca. Marco war ein junger Glasbläser und Meister Luca sein Lehrer. Heute sollte Marco zeigen, was er gelernt hatte und ein fein geschwungenes Glas blasen. Mit dem eisernen Rohr fischte er geschickt einen Klumpen geschmolzenen Glases aus dem Bottich. Er blies die Backen auf und pustete vorsichtig Luft durchs Rohr, wobei er die Stange mit Gefühl drehte. Eine glühende Blase entstand am anderen Ende, die erst sehr schön aussah. Doch als der Glasbläsermeister schon applaudieren wollte, da blies Marco ein wenig zu stark. Die Glasblase verformte sich seltsam. »Ein Fiasko! Ein Fiasko!«, lachten die anderen Lehrlinge und Gesellen, die ringsum standen. Marco machte gute Miene zum bösen Spiel und blies und drehte weiter, bis er eine leicht unförmige Flasche zustande gebracht hatte. »Mach dir nichts draus, Marco!«, sagte Luca. »Es ist noch kein Meister vom Himmel gefallen. Nur ein wenig Training und du kannst es so gut wie ich.« – »Ja, ja«, meinte Marco ein wenig enttäuscht, aber tapfer, »Übung macht den Meister.«
»Fiasko« ist Italienisch und heißt »Flasche«. Wenn ein Glasbläser einen Fehler beim Blasen komplizierter Gläser machte, konnte man höchstens eine Flasche daraus machen. Deshalb sagte man in Venedig zu einem Fehler »Das ist ein Fiasko«. Von hier aus übertrug man es auf andere Gelegenheiten. Wenn ein Sänger einen falschen Ton sang, rief man »Fiasko!«, und wenn

es viele waren, hängte man ihm nach dem Ende der Vorstellung eine Flasche um. Und deshalb sagen wir noch heute, wenn jemandem etwas fehlschlägt: »Der hat ein Fiasko erlitten.« Übrigens hat das Schimpfwort »Jemand ist eine Flasche« damit wohl nichts zu tun. Das kommt eher daher, dass eine Flasche an sich ein Hohlkörper ist und ein dummer oder verächtlicher Mensch auch, weil er nichts im Kopf hat. Und natürlich, weil man Leute, die zu viele Flaschen Alkohol trinken, selbst als Flaschen bezeichnet.

# DIE ACHILLESFERSE

Im alten Griechenland lebte ein wunderliches Paar. Sie war eine Meergöttin und hieß Thetis. Er hieß Peleus, war ein Mensch und dazu König in Thessalien. Als den beiden ein Sohn geboren wurde, nannten sie ihn Achilles. Er sollte einer der größten Krieger aller Zeiten werden. Thetis machte sich wegen der vielen Kämpfe, die drohen würden, große Sorgen um ihn. Doch da hatte sie eine Idee.

Sie wagte sich mit dem kleinen Achilles an die Stelle, wo der Fluss namens Styx die Welt der Lebenden von der Unterwelt trennte. Unheimlich war es da, und man konnte die Seelen der Toten auf der anderen Seite sehen. Thetis nahm Achilles, hielt ihn fest bei der Ferse, beugte sich nach vorne und tauchte ihn tief in die Fluten des Styx. Dann holte sie das überraschte Kind gleich wieder heraus und hielt es fest im Arm.

»Nun wird dir nichts mehr geschehen können«, sagte Thetis, »denn das Wasser des Styx macht unverwundbar. Kein Schwertstreich, keine Schlange, kein Pfeil kann diesen Schutz durchdringen.«

Tatsächlich besiegte Achilles, als er erwachsen war, alle Gegner, weil er so stark, gewandt und mutig war. Niemals wurde er dabei verwundet, weil der Styx ihn unverwundbar gemacht hatte. Erst als er vor der Stadt Troja kämpfte, nahte sich das Verhängnis. Der feindliche Königssohn Paris schoss einen Pfeil auf Achilles. Eigentlich wäre der Pfeil einfach abgeprallt. Doch der

Gott Apollo lenkte das Geschoss auf eine besondere Stelle: die Ferse des Achilles. Dort traf der Pfeil und tötete den großen Helden.

Wie war das nur möglich? Er war doch unverwundbar? Nun, Thetis hatte ihren Sohn Achilles an der Ferse festgehalten, als sie ihn in den Styx getaucht hatte. Und an dieser Stelle hatte das wunderbare Wasser die Haut nicht benetzt.

Wegen dieser Geschichte, die man sich immer wieder erzählte, nennt man bis heute die Stelle, an der jemand verwundbar ist oder einen schwachen Punkt hat, »seine Achillesferse«.

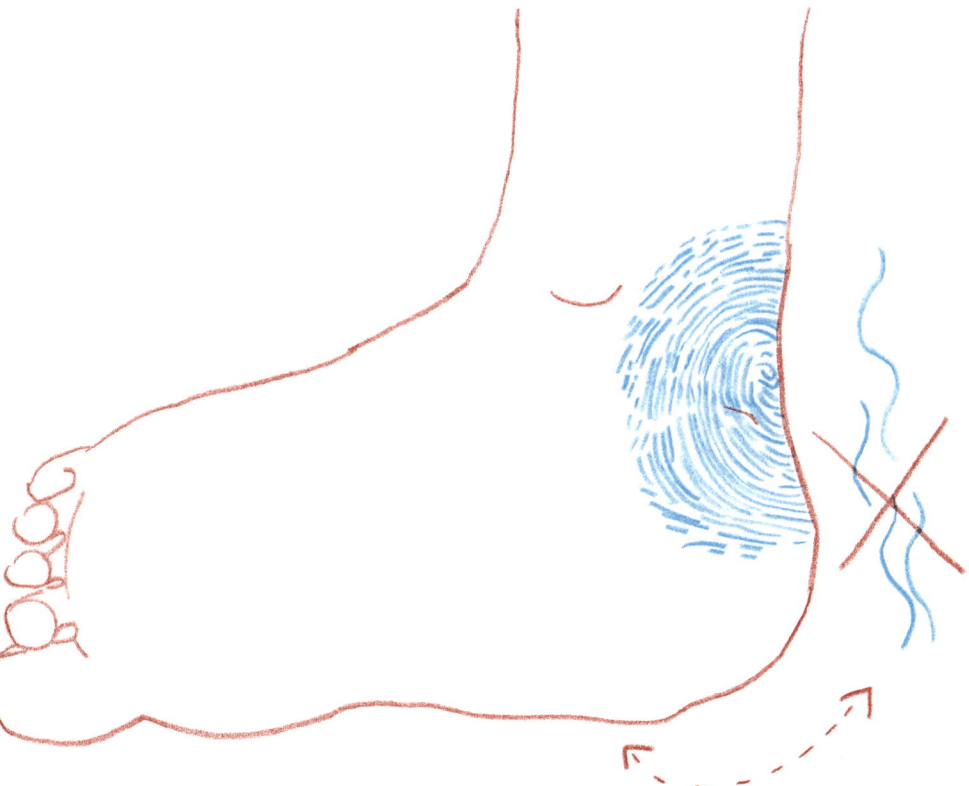

*Ganz und gar nicht reich oder*

# EIN ARMUTSZEUGNIS

*An den Bettelstab bringen / Am Hungertuch nagen*

Vor hundertfünfzig Jahren trafen sich einmal drei Bettler. Jeder hatte so viel wie der andere, nämlich so gut wie gar nichts. Deshalb setzten sie sich in die Sonne, die es umsonst gab, und unterhielten sich, weil auch das nichts kostete.

Der erste Bettler sagte zum zweiten: »Du siehst mir so aus, als hättest du dein Armutszeugnis noch nicht lange.« – »Ich habe es noch gar nicht«, sagte der zweite. »Gerade erst heute habe ich auf dem Amt das Armutszeugnis beantragt. Bis ich es habe, muss ich am Hungertuch nagen.« Da sagte der dritte: »Wenn du so lange wie ich an den Bettelstab gebracht worden bist, wird dir das leichter fallen.« Und mit diesen Worten zeigte er seinen kräftigen Holzstock. »So einen Stab braucht jeder Bettler. Er hilft einem beim Wandern von Tür zu Tür, um milde Gaben zu erbetteln. Man kann sich mit ihm gegen böse Hunde wehren. Und manchmal schlage ich mir damit einen schönen Apfel herunter.« Da sagte der zweite Bettler: »Du hast recht. Ich werde mir bald einen Bettelstab suchen. Wenn du schon so ein kluger Bettler bist, kannst du mir sicher etwas erklären. Warum nagt man eigentlich am Hungertuch? Ich weiß, dass man in Kirchen ein Hungertuch vor dem Altar aufhängt. Das ist in der Fastenzeit, wenn man wenig essen soll. Ich habe aber noch nie jemanden daran nagen sehen.« Da kratzte sich der zweite Bettler am Kopf, weil er es auch nicht wusste. Der erste aber meinte: »Das ist eine Verwechslung. Man sagte vor vierhundert Jahren ›am Hungertuch nähen‹. Weil das Hungertuch die Fastenzeit bezeichnete, bedeutete der Ausdruck ›hungern‹ und ›arm sein‹. Wenn es aber wenig zu essen gibt, dann nagt man an allem, was man kriegen kann. Und so entstand als ein Scherz der Ausdruck ›am Hungertuch nagen‹ statt ›am Hungertuch nähen‹.«

Da sagte der dritte Bettler: »Wenn wir doch alle so klug sind, dann sollten wir schauen, dass wir unser Wissen zu Geld machen.« – »Genau«, sagte der zweite, »und wenn ich reich bin, hänge ich mein Armutszeugnis an die Wand, stelle den Bettelstab in die Ecke und nähe mir ein Hungertuch. Das soll mich an die Zeit erinnern, als ich noch so arm war wie jetzt.«

Und ob ihr es glaubt oder nicht, übers Jahr schrieben alle drei Bettler Artikel für die Zeitung und sogar Bücher. Reich wurden sie nicht, aber die schlimmste Armut war vorüber.

Der Bettelstab und das Hungertuch stehen bis heute für Armut. Anders sieht es bei »Das ist ja ein Armutszeugnis« aus. Es bedeutet jetzt, dass ein Mensch unfähig oder gemein gehandelt hat. Dieser Fehltritt beweist seine charakterliche Armseligkeit oder ärmlichen Fähigkeiten.

*Schlecht dran oder*

# DIE ARSCHKARTE ZIEHEN

Wer nun auf die Idee gekommen war, konnte keiner sagen. Ingo, Dirk und Eva schauten entgeistert auf die Scherben. Sie hatten die Bodenvase aus Porzellan, die ein bisschen wie eine Flasche aussah, hingelegt und gedreht. Auf wen die Öffnung zeigte, wenn sich die Vase nicht mehr drehte, der sollte Brause mit Ketchup und Senf trinken oder auf einem Bein Gedichte aufsagen. Im Eifer des Gefechts war die Vase aber beim Drehen an die Stahlfüße des Schreibtischs geknallt und zersprungen. »Einer muss es zugeben!«, sagte Dirk. »Dann haben die anderen keinen Ärger.« – »Prima Idee!«, sagte Eva. »Am besten, du

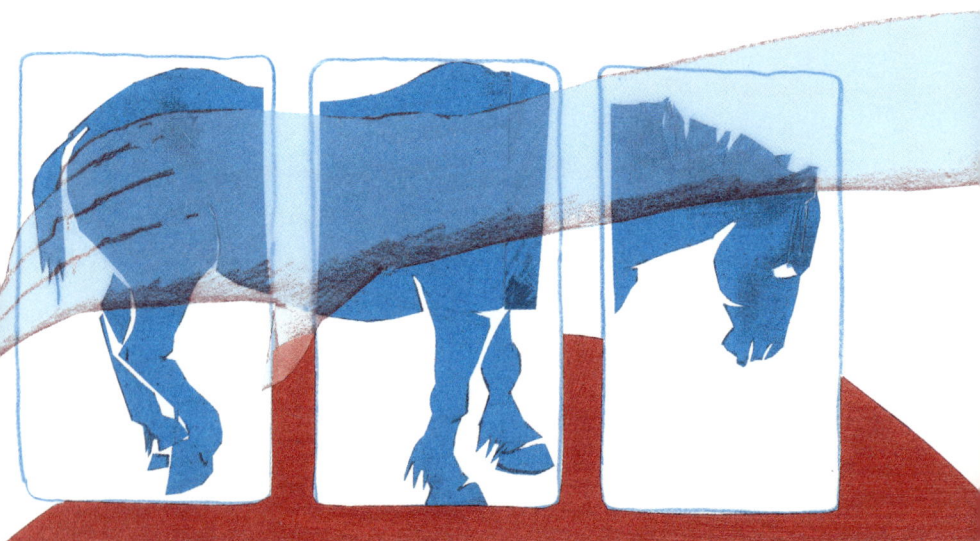

machst es gleich selbst.« – »Spinnst du!«, rief Dirk, »die Vase war sicher teuer. Ingos Eltern haben mehr Geld.« – »Aber ich krieg Computerverbot«, sagte Ingo. »Dann müssen wir losen«, sagte Eva. »Hier sind Spielkarten. Wer die niedrigste zieht, muss es auf sich nehmen.« Sie mischte die Karten und fächerte sie dann auf. Als sie Dirk die Karten hinhielt, zögerte der und sagte: »Du zuerst.« Eva zog eine der verdeckten Karten. »Pik-Neun!«, rief sie unglücklich. Jetzt griff Dirk rasch zu und zeigte zufrieden seine Karte: »Karo-König!« Ingo zählte bis dreizehn und nahm dann die vierzehnte Karte. Als er sie umdrehte, verzog sich sein Gesicht: »Kreuz-Sieben.« Eva tröstete ihn: »Schau, einer muss die Arschkarte ziehen.« Da wurde Ingo wütend: »Ich bin doch kein Arsch!« – »Nein, nein!«, meinte Eva. »Das sagt man nur so.« – »Und warum?«, wollte Ingo wissen. Dirk überlegte: »Beim Losen hat immer einer die schlechteste Karte. Der muss dann etwas Unangenehmes tun. So eine Karte will niemand haben. Ist doch kein Wunder, wenn man sie Arschkarte nennt.« Da rief Eva: »Zu spät! Deine Mutter kommt.« Tatsächlich betrat Dirks Mutter das Zimmer, ehe sie noch die Karten oder die Scherben verstecken konnten. Und so gaben sie das Missgeschick gemeinsam zu.

Wirklich hat »die Arschkarte ziehen« wohl mit alten Losverfahren zu tun. Die schlechteste Karte hieß dabei »Arschkarte«, weil man sie verfluchte oder weil sie den Ausgelosten zum Arsch machte. Er musste ja Unangenehmes tun.

Mit dem Fußball und der Roten Karte, wie viele behaupten, hat es aber nichts zu tun. Schließlich zieht die der Schiedsrichter und nicht der Spieler, der vom Platz gestellt wird.

*Futsch im Fluss oder*

# SEINE FELLE DAVONSCHWIMMEN SEHEN
*Eine Sache im Griff haben*

An seinem ersten Arbeitstag im Jahr 1571 staunte der junge Kasimir. Er war Lehrling bei einem Gerber und hatte gehört, dass es dort übel röche. Es roch aber nicht nur übel, es stank fürchterlich. »So ist das bei uns«, sagte Meister Max, bei dem er lernen sollte. »Wer Leder herstellen will, muss seine Nase verschließen. Jetzt nimm doch, lieber Kasimir, diese Tierhäute und wasche sie. Bevor wir sie bearbeiten, müssen sie sauber sein.« Kasimir ekelte sich zwar ein wenig, aber er nahm die drei Kuhfelle und folgte Meister Max zum Fluss. Dort ragte ein Steg hinaus, und so begann Kasimir mit dem Waschen der schweren Felle. Er musste sie schütteln, rütteln, sauber kneten. Meister Max war zufrieden, wie sorgfältig Kasimir seine Sache machte. Doch plötzlich rief er: »Pass auf!« Aber es war schon zu spät. Eine Welle hatte Kasimir das Fell aus den Händen gerissen. Schnell trug der Fluss das Fell fort, und hinter der nächsten Brücke versank es. Kasimir schaute erschrocken zu Meister Max. Der strich sich den Bart und sagte. »Einmal ist keinmal. Aber lass es dir eine Lehre sein! Man muss seine Sache immer fest im Griff haben. Besonders beim Waschen und Wässern der Felle!« Tatsächlich entwischte Kasimir nie mehr ein Fell.
Weil es manchem Gerber wie Kasimir ging, sagt man heute noch: »Jemand sieht seine Felle davonschwimmen«, wenn ein Verlust oder Misserfolg droht.

# 4.
# EIN DUMMER FRAGT ZEHN WEISE AUS

*Redewendungen über Wissen, Lernen und Dummheit*

# DA LIEGT DER HASE IM PFEFFER

*Wissen, wo der Hase im Pfeffer liegt*

Mutter Hase machte sich Sorgen und ermahnte ihren Sohn: »Wenn du weiter so unaufmerksam durch die Welt hüpfst, holt dich bald der Fuchs. Oder du liegst plötzlich im Pfeffer.« Der kleine Hase vergaß zu hüpfen, so sehr wunderte er sich. »Wieso sollte ich im Pfeffer liegen? Was ist das überhaupt? Ich kenn nur Pfefferminze.« Mutter Hase seufzte: »Du weißt wirklich wenig. Pfeffer kommt von weit her und macht das Menschen- essen scharf.

Pfeffer hieß bei ihnen überhaupt jedes kräftige Gewürz. Weil sie Pfeffer und andere Gewürze gerne in Soßen und Fleischgerichte taten, nannten sie die auch Pfeffer; so wie Hasenpfeffer.« – »Was?«, schrie der kleine Hase ärgerlich. »Ich bin doch kein Gericht! Und schon gar nicht scharf! Du willst mir nur Angst machen.« Mutter Hase schüttelte den Kopf: »Nein, nein, so ist das nun einmal. Fressen und Gefressenwerden. Ich kenne die Menschen zu gut. Damals im Stall habe ich viel gelernt. Wenn ich nicht entwischt wäre, läge ich jetzt vielleicht im Pfeffer. Dann wäre es mit mir vorbei. Und deshalb sagen die Menschen auch: ›Jetzt liegt der Hase im Pfeffer.‹ Weil es aus ist mit ihm.« Der kleine Hase schluckte ein wenig und hörte aufmerksam zu, als Mama Hase fortfuhr: »Man sagt als Mensch auch noch etwas: ›Wissen, wo der Hase im Pfeffer liegt‹. Das heißt, jemand weiß über die wichtigen Dinge Bescheid. Das kommt daher, weil man in der dunklen Soße des Hasenpfeffers nicht sehen konnte, wo die besten Stücke lagen. Wer das wusste, war im Vorteil.« – »Und ich«, rief der kleine Hase ganz aufgeregt, »weiß jetzt auch, warum ich so viel in der Welt herumhüpfen muss. Damit ich so schnell bin und so tolle Haken schlagen kann, dass mich kein Fuchs und erst recht kein blöder Mensch kriegt.« Und schon lief er so flink hin und her, dass selbst seiner Mutter ein bisschen schwindlig wurde.

# DA LIEGT DER HUND BEGRABEN

Es war vor vierhundert Jahren. Da schoben die Wolken sich vor den Halbmond, und eine Gestalt trat aus den Bäumen hervor. Es war ein Mann, der schwer zu tragen hatte und sich immer wieder umblickte. In der Nähe des Waldrands legte er seine Last ab, eine Kiste, die mit Eisen beschlagen war. Unter seinem langen schwarzen Mantel holte er einen Spaten hervor und begann zu graben. Der Boden war locker, und so hatte er in einer Stunde mehr als einen Meter Tiefe erreicht. Nun legte er die Kiste in das Loch und sprach seltsame Worte: »Komm herbei, du schwarzer Hund, wache fleißig auf diesem Grund! Lass den Schatz hier niemand stehlen, dann wird es dir an Dank nicht fehlen!« Der Mann schüttete das Loch wieder zu. Dann verteilte er Blätter und Zweige darüber. Noch einmal schaute er auf den Platz, um ihn sich zu merken, und verschwand unter den Bäumen.

Tatsächlich glaubten die Menschen vor vielen hundert Jahren, schwarze Hunde bewachten vergrabene Schätze. Und wegen dieses Aberglaubens sagt man noch heute bei einem wichtigen Punkt: »Da liegt der Hund begraben.« Denn wer das wusste, wusste auch, wo ein Schatz lag.

Die Redensart kann aber auch bedeuten: »Das ist eine total langweilige Gegend, wo nichts los ist.« Tote Tiere vergrub man nämlich außerhalb der Orte, wo sonst niemand hinging.

*Die Macht im Verborgenen oder*

# EINE GRAUE EMINENZ SEIN

Vor vierhundert Jahren regierte in Frankreich der König Ludwig XIV. Er war erst fünf Jahre alt, als er französischer König wurde. Weil er für das Regieren viel zu jung war, herrschte seine Mutter an seiner Stelle. Aber sie wollte es nicht allein tun, sondern sich lieber beraten lassen. Sie vertraute besonders den wichtigen Vertretern der katholischen Kirche. Da gab es den Kardinal Richelieu, den man auch »die rote Eminenz« nannte. Rot, weil Kardinäle als Geistliche rote Gewänder und eine rote Kappe trugen, und Eminenz, weil das ein Ehrentitel ist, der Kardinälen zusteht. Das Wort kommt aus dem Lateinischen und heißt »der Herausragende« oder »der Erhöhte«.

Doch auch der Kardinal Richelieu hatte einen Vertrauten, den man »Vater Joseph« nannte. Das war ein mächtiger Mann, der dem Orden der Kapuziner angehörte. Die Kapuziner trugen graue Gewänder, und weil Vater Joseph fast so mächtig wie ein Kardinal war, sprach man später von ihm als »grauer Eminenz«. Genauso bezeichnete man den Nachfolger Richelieus, den Kardinal Mazarin.

Weil die grauen Eminenzen keine Herrscher waren, aber doch als Herrscher-Berater sehr mächtig, wurden sie sprichwörtlich. Schon bald sagte man deshalb zu jedem, der im Verborgenen oder im Hintergrund großen Einfluss ausübte: Das ist die graue Eminenz. Ob man das als Lob versteht oder als Vorwurf, das hängt von der Situation ab.

# EIN ABC-SCHÜTZE SEIN

*K. o. sein*

Der Schulranzen flog durch den Flur, schlidderte noch ein Stück und traf schließlich zielsicher das Schuhregal. Beleidigt klappten gleich drei Regalklappen auf. Da kam Timo schon hinterhergestürzt. Tatsächlich fiel er fast hin, denn plötzlich trat ihm sein Vater in den Weg. »Bist du auf der Flucht?«, fragte er. »War der erste Schultag so scheußlich?« – »Nein, nein!«, schrie Timo und knuffte seinen Vater in den Bauch. »Au, du platzt ja fast vor Energie! Ich glaube, ich nehme dich wieder aus der Schule. Dann war's das mit ABC-Schütze.« Timo tänzelte wie ein Boxer um seinen Vater herum und rief herausfordernd: »Und warum heißt es ABC-Schütze?« Dazu versuchte er, weitere Schläge anzubringen, doch sein Vater wich ihm geschickt aus. Schließlich hielt er einfach Timos Arme fest und sagte: »Gong! Kampfpause!« Timo entspannte sich. Der Vater ließ ihn los.

»Und warum heißt es ABC-Schütze?«, fragte Timo noch einmal. »Was weiß ich?«, antwortete der Vater. »Vielleicht weil ihr mit den Augen auf die Buchstaben zielt, um sie zu lesen.« – »Quatsch!«, sagte Timo lachend. »Das haben wir heute gelernt: Im Lateinischen heißt ›tiro‹ so viel wie ›Neuling‹. Und wir sind Neulinge im ABC.« – »Aha.«, sagte Vater. »Ich verstehe gar nichts.« – »Da fehlt ja noch was«, sagte Timo. »Die Italiener und die Franzosen hatten ähnliche Wörter. Nämlich ›tiro‹ und ›tirer‹. Das bedeutet ›schießen‹.« – »Klar!«, sagte der Vater. »Jetzt verstehe selbst ich es. Ein ABC-Schießer ist ein Missverständnis, aus dem der ABC-Schütze wurde.« – »Gong!«, rief Timo. »Ende der Kampfpause!« Und er boxte seinem Vater in die Seite. »K. o.«, rief der. »Ich bin k. o. Abbruch des Kampfes durch K. o.« Er hob Timos rechte Hand und hielt sie hoch: »Sieg durch K. o. in der zweiten Runde für Timo!« Timo jubelte und schlug voll Freude die Schuhschrankklappen zu, dass es krachte. »Warum heißt es eigentlich k. o.?«, wollte er von seinem Vater wissen. »Das ist eine Abkürzung und kommt aus dem Englischen. ›Knock out‹ heißt es eigentlich. Man zählt bis neun, und wenn der Gegner nicht mehr aufsteht, ist der andere der Sieger. Auf Deutsch hieße es vielleicht ›Schlag aus‹.« Timo sagte: »Ich weiß, warum. Weil mit dem Schlag der Kampf aus ist. Und beim Gegner gehen die Lichter aus.« – »Nachdem jetzt alles geklärt ist«, sagte der Vater, »kannst du ja Hände waschen, Schulranzen aufräumen und zum Essen kommen. Denn du weißt ja: Boxer müssen viel einstecken, und deshalb brauchen sie drei Dinge: Disziplin, Ausdauer und gutes Essen.«

# MIT ALLEN WASSERN GEWASCHEN SEIN

*Etwas, das sich gewachschen hat*

Kapitän Hansen stieg von Bord der schmucken »Esmeralda«. »Alle Rumfässer ausladen«, schrie er seinen Leuten noch zu, dann ging er zu seiner Lieblingskneipe in der Nähe. Die hieß »Zur flotten Krabbenpulerin«. Kaum hatte er die alten Freunde begrüßt, setzte sich ein Unbekannter an seinen Tisch und wollte ihm ein Superprima-Steuersparmodell aufschwatzen. Meta, die Besitzerin der »Flotten Krabbenpulerin«, sagte zu ihm: »Geben Sie sich keine Mühe. Kapitän Hansen ist mit allen Wassern gewaschen.« – »Dat is man richtig!«, sagte Kapitän Hansen in seiner norddeutschen Mundart. »Und wenn Sie nich bald Leine ziehen, könnte es sein, dass Sie eine Ohrfeige kriegen, die sich gewaschen hat.« – »Nichts für ungut«, sagte der Mann, »aber warum sind Sie denn mit allen Wassern gewaschen?« Kapitän Hansen kratzte sich kurz am Kopf. Meta antwortete: »Weil die Seeleute früher auf den Segelschiffen von den hohen Wellen oft nass wurden. Wenn einer sehr weit fuhr, dann wurde er sozusagen von allen sieben Weltmeeren tüchtig gewaschen. Er hatte dann aber auch mächtig viel Erfahrung und ließ sich nicht betrügen. Die Leute an Land nahmen sich vor so jemandem in Acht und waren sogar oft etwas misstrauisch. Und

deshalb sagten sie von einem, der klug, listig und sogar ein wenig durchtrieben ist: ›Der ist mit allen Wassern gewaschen.‹«
Kapitän Hansen war auch etwas eingefallen: »Genau, das stimmt. Aber man beschimpfte früher auch unhöfliche Menschen als ›ungewaschene Kerle‹. Umgekehrt wurde ein Lob daraus, nämlich ›Das ist ein Kerl, der sich gewaschen hat‹. Später konnte man das zu allem Möglichen sagen, was gut war. Eben auch zu der Ohrfeige, die sich gewaschen hat.« – »Ein Glück«, sagte der Mann mit dem Superprima-Steuersparmodell, »dass ich mich heute Morgen gründlich gewaschen habe, wenn auch nicht mit allen Wassern.« – »Meta«, meinte Kapitän Hansen, »der Kerl hat Humor. Einen Rum für ihn auf meine Rechnung.« Und dann saßen sie noch lange beisammen und sprachen über den Rum, die See, den Wind, aber kein bisschen über Steuersparmodelle.

*Selbstverständlich entwischt oder*

# DAS IST EINE BINSENWEISHEIT

*Etwas geht in die Binsen*

Bert und Ernst gingen auf die Jagd. Sie wollten Enten schießen. Dumm war nur, dass sie ihre Hunde verliehen hatten. Die holten ihnen sonst die Beute oder scheuchten die Vögel aus ihren Verstecken.

Am See hörten sie das Quaken der Enten und das seltsame Piepen der Blesshühner. »Da werden wir sicher was erwischen!«, sagte Bert. Ernst nickte nur, um die Vögel nicht zu warnen.

Als sie in einer kleinen Bucht einen Schwarm Enten sahen, legten sie ihre Flinten an und spannten deren Hähne. Vielleicht erschreckte das laute »Klick« die Vögel, vielleicht hatten sie die Jäger auch gesehen. Jedenfalls erhoben sich die Enten plötzlich. So schnell flogen sie ins nahe Schilf, dass ein Schuss ganz unmöglich war.

»Das ist jetzt im wahrsten Sinne des Wortes in die Binsen gegangen«, sagte Ernst ernst und ließ seine Flinte sinken. »Wieso?«, fragte Bert. »Das sagt man doch immer, wenn etwas verloren gegangen oder misslungen ist. Die Redensart kommt wahrscheinlich von der Jagd. Die Enten hier sind uns ins Schilf entkommen, das man auch Binsen nennt. Binsen wachsen immer am Wasser.« – »Genau!«, sagte Bert. »Und man sagt ja auch, wenn etwas nicht geklappt hat: Das ist ins Wasser gefallen.« – »Ohne Hund ist die Jagd eben nur halb so gut«, seufzte Ernst. »Das ist aber nur eine Binsenweisheit. Und bevor du

mich fragst: Ich weiß nur, dass es bedeutet: Das ist selbstverständlich. Aber ich habe keine Ahnung, woher der Ausdruck
kommt!« Bert freute sich: »Aber ich weiß es. Ich hatte nämlich
Latein in der Schule. Da gab es die Redensart ›nodum in scirpo
quaerere‹.« – »Wie bitte?«, fragte Ernst. Bert fuhr fort: »Auf
Deutsch heißt es: Den Knoten an der Binse suchen. Gras hat oft
Verdickungen am Stängel. Die Binse wächst dagegen glatt, obwohl sie zu den Gräsern gehört. Wer da Knoten sucht, tut es
vergeblich. Jedem müsste ja klar sein, dass sie ganz glatte Stängel hat. Und so kam es zu der Binsenweisheit.« – »Hm«, sagte
Ernst, »dann wollen wir mal die erfolglose Jagd in einen erfolgreichen Spaziergang umtaufen. Wir haben zwar keine Ente er-
beutet, aber unser Wissen ausgetauscht. Das ist eine Beute, von
der man länger etwas hat.« Und damit hängten sie sich die Flinten um und stiefelten plaudernd davon.

*Im Kopf ist viel Platz oder*

# EINEN VOGEL /
# EINE MEISE HABEN

Als Johanna ihre Tante Lisa
besucht, muss sie unbedingt
etwas erzählen. Kaum hat sie
ihr die Tür geöffnet, sprudelt
Johanna los: »Ich habe einen Vogel,
Lisa! Ich habe einen Vogel!« Lisa weiß nicht
recht, was sie sagen soll. Schließlich meint sie: »Bei dir piept's
also?« – »Ja, genau! Und ich freu mich so!« Jetzt ist Lisa vollkommen verwirrt: »Du hast einen Vogel? Und freust dich?«
Jetzt wundert sich Johanna: »Aber ich habe doch wirklich
einen Vogel.« – »Das merkt man!«, sagt Lisa. »Als hättest du
eine Meise unter dem Pony.« – »Nein, nein!«, sagt Johanna.
»Es ist ein Kanarienvogel, und er singt
ganz wunderbar.« Jetzt muss Lisa
lachen: »Ich dachte, du
meinst das im übertrage-
nen Sinn. Du weißt doch:
Wenn man jemandem
einen Vogel zeigt, weil
man ihn für dumm
hält. Und Pony ist ein
Ausdruck für

Haare, die in die Stirn fallen.« Johanna ist beleidigt und sagt: »Mein Kanarienvogel ist nicht dumm und ich auch nicht. Er heißt Emil, wie ›Emil und die Detektive‹.« Ihre Tante gibt ihr einen Klaps auf die Schulter und sagt: »Nun komm schon, das war doch nicht bös' gemeint! Das mit dem Vogel sagt man nur so.« – »Und warum?«, will Johanna wissen. »Weil man vor vielen hundert Jahren dachte, dass Menschen durch Tiere in ihrem Kopf verrückt werden könnten.« – »Igitt!«, ruft Johanna, »Tiere im Kopf?« – »Ja«, sagt Lisa, »Grillen, Flöhe, alles Mögliche. Und eben auch Vögel. Außerdem vergleicht man Menschen ab und zu mit Vögeln, weil Vögel auch auf zwei Beinen laufen und einige Nasen wie Vogelschnäbel aussehen. Schließlich glaubte man vor zweitausend Jahren auch noch, die menschliche Seele sei eine Art geflügeltes Wesen, das im Menschen wohne. Jedenfalls stellte man sich vor, dass so ein Vogel im Kopf die Gedanken durcheinanderbrächte.« – »Jetzt weiß ich auch«, sagt Johanna, »warum man jemanden einen Vogel zeigt.« – »Genau«, sagt Lisa, »man tippt zwar an seinen eigenen Kopf, meint aber den des anderen. Aber jetzt komm erst einmal herein und erzähl mir in der Küche von Emil. Sonst brennt mir der Milchreis an.« – »Mmm«, ruft Johanna, »Milchreis mag ich!« Schnell tritt Lisa ein – und macht uns die Tür vor der Nase zu.

*Das Wichtigste fehlt oder*

# NICHT ALLE TASSEN IM SCHRANK HABEN

*Eine trübe Tasse sein / Alle fünf Sinne beisammenhaben*

Der Kopf ist ein Gefäß. Im Kopf ist das Gehirn. Im Gehirn kommen alle fünf Sinne zusammen. Mit dem Gehirn fühlt man, hört man, riecht man, schmeckt man, sieht man. Wer alle fünf Sinne beisammenhat, ist gesund. Der gilt als klug. Fehlt ein Sinn, gilt er als dumm. Dann sagt man: »Du hast sie ja nicht alle!« Das ist ein verkürzter Satz. Die Menschen sind nämlich faul. Eigentlich wollen sie sagen: »Du hast ja nicht mehr alle fünf Sinne beieinander!« Bei so jemandem fehlt etwas im Kopf Kopf ist eigentlich gar kein deutsches Wort. Es kommt vom italienischen »coppa«. Das heißt »Gefäß«, »Becher«. Ist der Kopf eine Art Tasse, dann könnte man sich auch das Gehirn selbst als Behältnis vorstellen. Oder sogar als eine Menge von Behältnissen, in denen das Wissen und die Sinne aufbewahrt werden. Es könnte ein Tassenschrank sein. Wenn darin Tassen fehlen, dann ist man nicht mehr so klug wie sonst. Sagt man deshalb »Du hast nicht mehr alle Tassen im Schrank«? Man sagt ja auch zu einem, den man für doof hält: »Du hast einen Sprung in der Schüssel!« Das hört sich an, als sei der Kopf ein kaputtes Gefäß, aus dem das Gehirn herausläuft. Und ein Dummer hat ja angeblich zu wenig Gehirn.

Aber es gibt noch eine andere Erklärung. Oft übernehmen wir Wörter aus anderen Sprachen und gleichen sie unseren Wörtern an. Im Jiddischen, das viele Juden seit dem Mittelalter sprachen, gibt es das Wort »Toschia«. Klugheit und Verstand kann man »Toschia« nennen. Wenn jemand keine Toschia hat, fehlt ihm Verstand. Wenn jemand trübe Toschia hat, dann ist vielleicht sein Verstand getrübt. Könnte aus »Toschia« vielleicht »Tässchen« und dann »Tasse« entstanden sein? Dann wäre es schön zu kombinieren mit den fehlenden Sinnen. Dann fehlt eine Tasse. Und wo kann die wohl fehlen? Im Tassenschrank natürlich. Ganz natürlich ist es aber doch nicht. Sogar ein wenig kompliziert. Und seltsam. Aber auch lustig. Ja, so ist es oft, wenn man sich mit Worten beschäftigt.

Ich beende jetzt diesen Text. Ich muss meine Tassen nachzählen. Und polieren. Damit sie nicht so trüb sind.

# DUMM WIE BOHNENSTROH SEIN
*Das stört mich nicht die Bohne*

Es war ein Spätherbst vor sechshundert Jahren. Grete und Hans seufzten erleichtert. »Alle Bohnen sind geerntet und auch schon getrocknet!«, sagte Grete glücklich. »Ja«, sagte Hans, »und es sind so viele Bohnenkerne, dass wir für den Winter einen schönen Vorrat haben.« – »Jetzt müssen wir«, sagte Grete, »nur noch das trockene Bohnenstroh abreißen. Dann können wir auch unsere Strohsäcke neu befüllen. Das alte Stroh ist arg zusammengepresst und riecht so muffig.« – »Das stört mich nicht die Bohne«, sagte Hans, »solange wir uns so gut verstehen.« Da gab ihm Grete einen Kuss und dann die Sichel in die Hand. Damit schnitt er das Bohnenstroh ab. Die Schlafsäcke leerte er über dem Misthaufen aus und füllte sie neu. »Nun kann der Winter kommen«, sagte Grete. »Hauptsache, er wird nicht länger, als unsere Vorräte reichen!«, erwiderte Hans. »Von Bohnen allein können wir nicht leben.« – »Du bist ja so dumm wie Bohnenstroh!«, neckte ihn Grete. »Wir haben doch noch getrocknete Pilze, Äpfel und Birnen, dazu drei Säcke mit Getreide und einen mit Mehl.« – »Und außerdem«, meinte Hans, »habe ich noch etwas besonders Gutes versteckt. Das gibt es aber erst an Weihnachten.« Hans lächelte geheimnisvoll, doch Grete wusste schon: Er hatte lange gespart und ein Töpfchen Honig gekauft. Das würde in der Dezemberkälte herrlich schmecken. Und deshalb lächelte sie dann auch.

Tatsächlich schliefen die Menschen früher auf Strohsäcken. Wer besonders arm war, musste statt Getreidestroh das billigere, grobe Bohnenstroh aus dem Gemüsegarten nehmen. Erst sagte man, etwas sei wertlos wie Bohnenstroh oder etwas sei grob wie Bohnenstroh. Weil die armen Menschen nicht in die Schule gehen konnten, sagte man, sie seien dumm. Und weil sie Bohnenstroh benutzten, hieß es bald: Jemand ist dumm wie Bohnenstroh. »Es stört mich nicht die Bohne« sagte man, weil Bohnen immer in großer Zahl vorkamen. Eine einzige zählte gar nichts. Die Redensart bedeutet also, dass es einen überhaupt nicht stört.

# EIN BRETT VOR DEM KOPF HABEN

»Wollt ihr wohl stehen bleiben! Ho! Halt!« So rief der Bauer Pöhlein und lief wütend hinter seinen beiden Ochsen und dem Pflug hinterher. Bis er sie gebändigt hatte, sahen die schönen geraden Ackerfurchen schon seltsam durchkreuzt aus. Hin und her waren die Ochsen mit dem Pflug gerannt.

»Jetzt ist aber Schluss!«, keuchte Bauer Pöhlein. »Ihr habt es so gewollt!« Er band die Ochsen mit einem Seil an einem Zaunpfahl fest und holte vom nahen Hof zwei Bretter. Dann machte er sich am Zuggeschirr der Ochsen zu schaffen. Schließlich hing jeweils ein Brett vor jeweils einem Ochsenaugenpaar. Die Ochsen staunten. Sie konnten nur noch bis zum Brett sehen. Und ein wenig nach unten. Selbst als Bauer Pöhlein sie vom Zaunpfahl losband, blieben sie lammfromm stehen. Man musste sie ziehen, damit sie sich bewegten. Langsam setzten sie einen Schritt vor den anderen, und Bauer Pöhlein seufzte beruhigt. »Seht ihr, so ist es besser!« Tatsächlich wurden von nun an alle Furchen im Acker sehr schön gerade.

Und wegen solcher Bretter, die man Ochsen vor die Augen hängte, damit sie brav vor sich hin marschieren, sagt man auch von Menschen, dass sie ein Brett vor dem Kopf haben. Damit meint man, dass sie im wahrsten Sinn des Wortes beschränkt sind, dass sie dumm sind und selbst das Offensichtliche nicht verstehen. Und eigentlich sagt man sogar noch etwas: dass sie Ochsen sind.

# 5.
# WENN GUTE WORTE SIE BEGLEITEN

*Redewendungen übers Reden*

*Offenbarte Geheimnisse oder*

# AUS DER SCHULE PLAUDERN

*Aus dem Nähkästchen plaudern*

Wer im alten Griechenland, im alten Rom oder im Mittelalter ein weiser Mensch werden wollte, der suchte sich einen weisen Lehrer. Wenn man Glück hatte, nahm er einen als Schüler an. Oft musste man vorher versprechen, dass man bestimmte Lehren des Weisen nicht weitergeben dürfe. Es gab nämlich Geheimnisse, die bares Geld wert waren oder für andere gefährlich. Die Lernenden eines solchen Weisen nannte man auch seine Schule, weil sie bei ihm in die Schule gingen. Ab und zu geschah es, dass man unter Freunden dann doch etwas erzählte, was eigentlich ausschließlich für die Schüler des Weisen gedacht war. Dann sagte man anfangs: »Jetzt werde ich einmal aus der Schule plaudern.« Und so wird die Redensart noch heute verwendet: wenn jemand etwas erzählt, obwohl es nur für einen kleinen Kreis bestimmt ist.

Manchmal heißt es aber auch: »Jetzt werde ich mal aus dem Nähkästchen plaudern.« Das bedeutet das Gleiche, aber es kommt aus einer Zeit vor über hundert Jahren. Damals versteckten Frauen geheime Briefe oder ihr Tagebuch manchmal in ihrem Nähkästchen. Männer nähten damals nie, und so schienen die Sachen darin sicher. Einer sehr guten Freundin vertraute man solche Geheimnisse dagegen an. Man plauderte mit ihr über das, was sonst im Nähkästchen verborgen war. Außerdem saßen Frauen gern beim Nähen zusammen, damit es nicht so langweilig wäre. Dabei redeten sie oft über Heimlichkeiten. Es kam noch etwas dazu. Der Schriftsteller Theodor Fontane ließ in seinem Roman »Effi Briest« einen Ehemann zufällig im Nähkästchen seiner Frau verräterische Briefe finden. Daraus entstand dann viel Unheil. Und weil so viele das Buch lasen, verbreitete sich die Redensart »aus dem Nähkästchen plaudern« noch mehr.

*Mehr geht nicht oder*

## JEMANDEN ÜBER DEN GRÜNEN KLEE LOBEN

Ein Sänger trat vor ungefähr tausend Jahren im Festsaal einer
Burg auf. Der Graf, die Gräfin und alle Gäste klatschten in die
Hände vor Freude, kaum hatte der Sänger ein paar Töne auf seiner Fidel gespielt. »Singt, singt!«, riefen alle. Da verneigte sich
der Sänger tief und sang: »Die Frauen, die hier zu schauen, sind
schöner als der grüne Klee, doch ich bin ganz allein:
o weh!« Der Sänger sah dabei

aber gar nicht traurig aus. Er zwinkerte sogar einer hübschen Dienerin zu. Alle im Saal klatschten wieder. Es war sonst nämlich immer sehr langweilig und jede Abwechslung hochwillkommen. Der Sänger sang weiter: »Die Burg hier auf dem Berg strahlt wie ein Götterwerk, ja schöner als der grüne Klee. Ich schwöre es, so wahr ich hier steh.« Wieder klatschten alle. Da kam die dritte Strophe. »Das Essen auf den Silberplatten, das lässt erstarken jeden Matten, viel mehr noch als der grüne Klee! Ich bin ja auch kein Schaf! Mäh, mäh.« Da prusteten die Diener, die Herren lachten, und die Damen kicherten. Der Graf aber sprach: »Ihr habt sehr schön und sehr klug gesungen, werter Sänger. Und wir haben Euren Wink verstanden. Ihr sollt mit uns zusammen essen, so viel Ihr wollt. Aber dann müsst Ihr uns noch ein wenig mehr singen. Dann wollen auch wir Euch über den grünen Klee loben.« Da verbeugte sich der Sänger noch tiefer, hängte seine Fidel an einen Nagel und speiste nach Herzenslust.

Tatsächlich kam in sehr vielen Liedern des Mittelalters der grüne Klee als etwas sehr Schönes, Frisches und Herrliches vor. Er galt als so besonders, dass man ihn als höchstes Lob verstand. Wer etwas noch mehr lobte, den fand man seltsam oder lächerlich. Und deshalb sagt man noch heute, wenn jemand etwas übertrieben toll findet: »Der lobt es über den grünen Klee.«

*Laute Begleiterscheinung oder*

# KLAPPERN GEHÖRT ZUM HANDWERK
und andere Mühlen-Redensarten

Am Bach stand eine Mühle mit einem Wasserrad. Das drehte sich fröhlich Tag und Nacht. In der Mühle arbeiteten die schöne Müllerin, ihr Vater und der Geselle Wilhelm. Wilhelm mochte die schöne Müllerin sehr, aber die schien einen Jäger zu lieben. Jedenfalls meinte sie, dass sie das Grün so gern habe. Vor lauter Kummer konnte Wilhelm oft nicht schlafen. Dann klagte er dem Mühlbach sein Leid. Als ihn der Müllermeister hörte, fragte er: »Na, Wilhelm, ist dir die Mühle vielleicht zu laut?« – »Ach, Meister, das könnte es wohl sein.« Er traute sich nicht, die Wahrheit zu sagen. Der Müller lachte, und vielleicht wusste er, wie Wilhelm sich fühlte. Er sagte aber nur: »Kennst du nicht die Müller-Sprichwörter? Wer mahlen will, muss auch das Klappern dulden. In der Mühle sagt man's zweimal. Und natürlich: Klappern gehört zum Handwerk!« – »Ja, Meister Martin, die kenne ich wohl.« – »Aber du hast immer noch keinen Müllerschlaf! Einen rechten Müller stört kein Klappern. Meine Tochter schläft bei jedem Lärm. Nur vor Schüssen hat sie Angst.« Da hellte sich Wilhelms Miene auf. »Wer hätte das gedacht!« In dieser Nacht konnte er wieder nicht schlafen, doch diesmal, weil er Hoffnung hatte. Und weil er schon so lange in der Mühle arbeitete, dachte er sich: »Na warte, grüner Jäger. Wer zuerst kommt, mahlt zuerst. Ich werde dir schon das Wasser abgraben und selbst Oberwasser haben.«

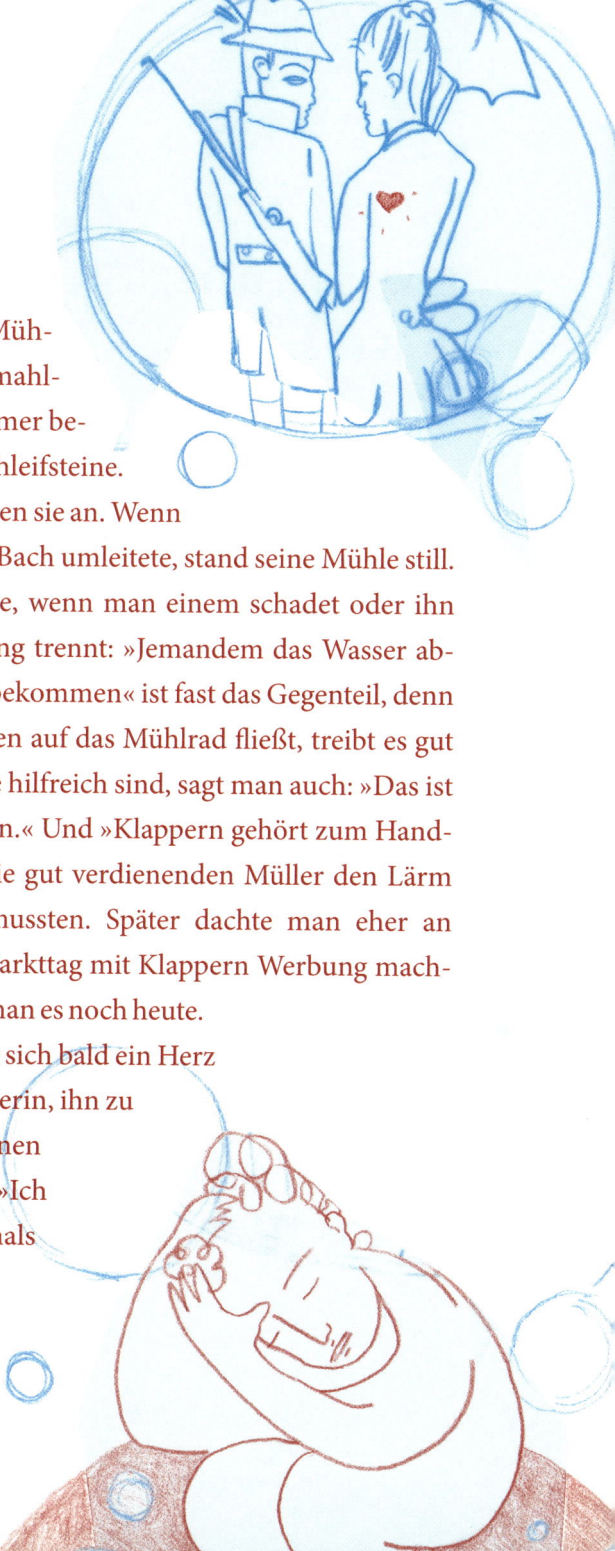

Früher gab es überall Mühlen, die Korn zu Mehl mahlten oder Schmiedehämmer bewegten oder große Schleifsteine. Wind oder Wasser trieben sie an. Wenn man einem Müller den Bach umleitete, stand seine Mühle still. Deshalb sagt man heute, wenn man einem schadet oder ihn von seiner Unterstützung trennt: »Jemandem das Wasser abgraben«. »Oberwasser bekommen« ist fast das Gegenteil, denn das Wasser, das von oben auf das Mühlrad fließt, treibt es gut an. Wenn die Umstände hilfreich sind, sagt man auch: »Das ist Wasser auf seine Mühlen.« Und »Klappern gehört zum Handwerk« hieß erst, dass die gut verdienenden Müller den Lärm ihres Berufes dulden mussten. Später dachte man eher an Handwerker, die am Markttag mit Klappern Werbung machten. Und so verwendet man es noch heute.

Wilhelm übrigens fasste sich bald ein Herz und bat die schöne Müllerin, ihn zu heiraten. Die gab ihm einen Schmatz und sagte nur: »Ich dachte, du würdest niemals fragen!«

*Angeber und Geheimniskrämer oder*

# ETWAS AN DIE GROSSE GLOCKE HÄNGEN

Es war einmal in der Zeit, als es keine Fernseher, Radios, Handys oder Computer gab. Da läutete man die Glocken der Kirchen, um den Menschen etwas mitzuteilen. Wenn einer zu Grabe getragen und der Totengottesdienst gehalten wurde, dann läutete das kleinste Glöcklein. Wenn das Gericht sich versammeln sollte, dann läutete man die große Glocke. Und wenn ein gemeinsamer Fest- und Freudentag begann, dann läuteten ihn alle Glocken zusammen ein. Wer ein Angeber war, der große Töne spuckte und wollte, dass alle Leute ihn bewunderten, von dem sagte man: »Der hängt alles an die große Glocke.«

Und wollte man, dass eine Sache möglichst privat oder gar geheim bleiben sollte, dann hieß es: »Das sollte man nicht an die große Glocke hängen!« Denn sonst hätten es ja alle gewusst.

Damals kannten alle die Zeichen der Glockenschläge. Und deshalb sagte man auch: »Ich weiß, was mir die Glocke geschlagen hat.« Es bedeutete ja immer etwas Bestimmtes. Heute sagt man es nur noch, um auszudrücken, dass man weiß, was einem bevorsteht.

# EINE GARDINENPREDIGT HALTEN

In dem Raum war es dunkel. Weil der Mond schien, sah man aber doch etwas: ein riesenhaftes Bett. An seinen vier Ecken ragten hohe Pfosten auf. Oben hatte es eine Art Stoffdach, und zwischen den Pfosten spannten sich breit gestreifte Gardinen. Wenn man die Ohren spitzte, hörte man sogar geflüsterte Worte. Die kamen hinter den Gardinen hervor. Eine Frau sagte gerade: »Wenn du weiter so viel Geld für Bier ausgibst, dann wirst du was erleben. Ich habe ja nichts dagegen, dass du ab und zu im Gasthaus bist, aber das geht zu weit! Bis halb drei Uhr nachts habe ich hier wach gelegen und auf dich gewartet. Da ist doch das Gasthaus längst zu! Wo warst du denn? Man hört, dass dir die Tochter des Wirts gefiele. Wenn mir da …«

Plötzlich unterbrach ein Schnarchen die Worte. Es folgte ein Seufzen. Und etwas später ein zweites, etwas leiseres Schnarchen.

Weil Eheleute früher die meiste Zeit des Tages getrennt oder nicht allein waren, konnten sie sich eigentlich nur nachts im Bett ungestört unterhalten. Angeblich mussten Männer sich dort von den Frauen viel Kritik und Ermahnungen anhören. Das nannte man wegen der Vorhänge der Betten und weil es einer Strafpredigt in der Kirche ähnelte, »jemandem eine Gardinenpredigt halten«. Und so sagt man es noch heute. Allerdings bedeutet es jetzt nur noch, eine Strafrede zu halten.

*Unangenehme und anregende Tierchen oder*

# JEMANDEM EINEN FLOH INS OHR SETZEN
*Eine Laus in den Pelz setzen*

Als Julia auf dem Friseurstuhl sitzt und Elisa ihn auf die richtige Höhe gebracht hat, sagt sie: »Ich möchte die Haare blau gefärbt haben!« Elisa schnippt mit ihrer Schere und fragt: »Wer hat dir denn den Floh ins Ohr gesetzt?« Julia ärgert sich: »Wieso Floh? Das ist doch cool, und außerdem hab ich weder Läuse noch Flöhe. Du kannst ja nachschauen.«

Tatsächlich nimmt Elisa einen Kamm und fährt mit ihm durch Julias Haare. »Nichts. Du hast recht. Jetzt muss ich noch in den Ohren nachsehen.« Julia lacht, weil es kitzelt. »Du bist ja alberner als meine Freundinnen in der Schule«, sagt Julia. »Tja, als Friseur braucht man Humor, weißt du. Aber willst du wirklich blaue Haare?« Julia schweigt ein wenig. Dann sagt sie: »Ich hab' eine Wette verloren.« – »Das ist aber eine dumme Wette!«, sagt Elisa. »Aber vielleicht kann ich was machen.« Sie verschwindet im Nebenraum. Schubladen quietschen, Türchen klappen auf und zu. Julia ruft hinter ihr her: »Elisa, wieso sagt man das mit dem Floh und der Laus?« – »Du hast Glück!«, sagt Elisa, »ich hab' ein Buch über Redensarten gelesen. Da steht, dass man sich vor fünfhundert Jahren Gedanken oft wie kleine Tiere im Kopf vorstellte. Oder dass Tiere die Gedanken im Kopf beeinflussen könnten. Flöhe hatten damals viele Leute. Deshalb sagte man »jemandem einen Floh ins Ohr setzen« und dachte, es sei so etwas wie eine sonderbare Idee. Oder man könnte so eine sonderbare Idee hervorrufen.« – »So wie das Haare-Blaufärben?«, fragt Julia. »Ja, klar. Heute bedeutet es nur noch: jemandem eine seltsame Idee einflüstern oder ihn auf dumme Gedanken bringen.« – »Und die Laus im Pelz hatte man damals wahrscheinlich auch öfter als heute«, sagt Julia. »Stimmt!«, antwortet Elisa. »Deshalb hieß ›jemandem eine Laus in den Pelz setzen‹ etwas Überflüssiges tun.« – »Igitt!«, ruft Julia. »Das ist widerlich, wenn alle Läuse haben! Mich juckt's schon vom Zuhören.« – »Heute sind sie ja zum Glück selten. Und vor gut hundert Jahren wurden sie auch schon viel weniger. Deshalb bedeutete die Redensart ab da: einem etwas Unangenehmes antun, ihn mit Kleinigkeiten ärgern oder quälen, ihm Probleme machen.« – »Hast du ein Problem, Elisa? Du kramst schon so lange herum?« – »Nein, nein!«, ruft Elisa von hinten. »Hier ist sie!« Sie kommt in den Frisiersalon zurück und schüttelt ihr blaues Haar. Julia klatscht in die Hände: »Toll! Wie hast du das gemacht?« – »Es ist eine Perücke, die ich manchmal beim Singen aufsetze. Die leihe ich dir«, sagt Elisa. »Dann kannst du die Wette ein bisschen einhalten. Schauen wir mal, ob sie passt.« – »Prima!«, sagt Julia, »Sie sitzt ganz gut. Und morgen werden mich alle in der Schule bewundern.« – »Ja«, meint Elisa, »da kannst du dann einen auf Blau machen, ohne blauzumachen. Aber frag mich bitte nicht, woher das nun wieder kommt! Ich muss heute schließlich noch Haare schneiden.« – »Danke!«, sagt Julia, stellt sich auf die Zehenspitzen und umarmt Elisa. Als sie die Türe schon schließen will, ruft sie noch schnell hinein: »Mach einen guten Schnitt!« Und läuft pfeifend davon.

*Blühende Sprache oder*

# ETWAS DURCH DIE BLUME SAGEN

*Unverblümt sein*

Elke und Martin trafen sich zum dritten Mal, mochten sich aber schon sehr. Sie mussten lachen, als sie fast gleichzeitig Blumen hinter dem Rücken hervorholten. Er Rosen, sie Vergissmeinnicht. »Willst du mir etwas durch die Blume sagen?«, fragte Martin. »Klar!«, sagte Elke: »Dass du mich nicht vergessen sollst. Und du?« – »Dass ich dich liebe!«, sagte Martin. »Rote Rosen stehen für die Liebe. Weil Blumen etwas ohne Worte ausdrücken können, sagt man ›etwas durch die Blume sagen‹.« – »Nein, nein, mein Lieber!«, sagte Elke. »Im Latein-unterricht haben wir gelernt, dass der Ausdruck von der Rede-kunst vor zweitausend Jahren herkommt. Da lernte man, wie man seine Rede durch schöne Wörter und Sprachbilder schmückte. Die Römer nannten sie Blümchen. Auf Lateinisch ›flosculi‹. Die Sprachbilder wurden ja wie Blümchen über die Rede gestreut. Weil man später immer wieder dieselben ›flosculi‹ verwendete, entstand das Wort ›Floskeln‹ für immer gleiche Formulierungen. Wer ohne Redeblumen sprach, drückte sich einfach ›unverblümt‹ aus. Allerdings kann es sehr höflich sein, etwas durch die Blume zu sagen.« – »Oder gleich mit einem Blumenstrauß«, sagte Martin, »dann hat man den Mund frei.« Und schon gab er Elke einen unverblümten Kuss.

*Ein Haus voller Sprüche oder*

# WAS FÜR EIN THEATER!

*Im Rampenlicht stehen / Rampensau / Sich in den Vordergrund spielen / In der Versenkung verschwinden / Sich in Szene setzen / Eine Szene machen / Theater machen / Ab durch die Mitte / Sich einen guten Abgang verschaffen / Kein Blatt vor den Mund nehmen / Hinter den Kulissen / Bühne frei / Sich etwas abschminken / Sich in den Vordergrund spielen / Eine Rolle spielen*

»Und hier ist unsere große Bühne. Die geht bis dort vorn zum Rampenlicht«, sagt Franz. Franz ist Schauspieler und zeigt heute Leo, Susi und Almut das Theater. Sie sollen in einem Stück drei Erdgeister spielen. »Heißt es deshalb ›im Rampenlicht stehen‹?«, fragt Leo, der sich die versenkten Scheinwerfer am Bühnenrand ansieht. »Klar!«, sagt Susi, die schon einmal hier aufgetreten ist. »Und außerdem gibt es die Rampensau.« – »Rampensau? Grunzt die ihren Text? Und kackt auf die Bühne?«, fragt Almut. »Nein, nein!«, meint Franz. »So nennen wir die Schauspieler, die besonders auffällig spielen und rücksichtslos alle anderen in den Hintergrund drängen. Das ist übrigens auch ein Teil der Bühne, der Hintergrund. Dazu gibt es den Vordergrund, wo wir hier stehen.« – »Deshalb heißt es wahrscheinlich, ›sich in den Vordergrund spielen‹«, meint Leo, »wie eine Rampensau eben.« – »Stimmt!«, erwidert Franz. »Es gibt ungeheuer viele Redensarten aus dem Theater. Man kann hier zum Beispiel jemanden nach unten von der Bühne verschwinden lassen. Deshalb heißt es ›Jemand verschwindet in der Ver-

senkung‹. Und früher bekamen die Schauspieler ihre Texte auf Papierstreifen, die aufgerollt wurden. Die waren mal lang, mal kurz. Deshalb sagt man: ›Etwas spielt eine große oder kleine Rolle‹. Oder wenn jemand ganz stolz auftritt, sagt man ›Er setzt sich in Szene‹. Theaterstücke sind nämlich in Szenen aufgeteilt. Und wenn jemand einem anderen ›eine Szene macht‹, dann zeigt er übertrieben viel Gefühl, wie auf dem Theater manchmal. Deshalb sagt man auch: ›Der macht ein ganz schönes Theater!‹ Das ›Auftreten‹ selbst kommt auch von hier, weil man so auf die Bühne kommt.« – »Und wenn man wieder geht?«, fragt

Susi. »Dann heißt es ›ab durch die Mitte‹«, sagt Franz. »Jedenfalls, wenn jemand rasch nach hinten verschwindet. Oder einfach ›Abgang‹. Zum Beispiel ›sich einen guten Abgang verschaffen‹.« – »Das ist 'n prima Stichwort!«, brüllt ein Mann mit Werkzeugkasten. »Wenn ihr hier mal 'nen Abgang machen würdet, dann könnten wir endlich die Kulissen für heut Abend aufbauen!« Franz lacht: »Die Bühnenarbeiter, wisst ihr, die nehmen kein Blatt vor den Mund. Das sagt man übrigens, weil Schauspieler früher unanständige Worte hinter einem Blatt Papier sprachen. Dann lasst uns also mal schauen, was hinter den Kulissen los ist, und die Bühne freimachen! Für die Bühnenarbeiter sind wir nur Statisten, die im Weg stehen.«

»Schau mal, da geht's zur Maske!«, ruft Leo. »Können wir uns die noch ansehen?« Franz seufzt: »Na gut, aber dann müssen wir langsam zum Ende kommen mit der Besichtigung, sonst kann ich mir das Abendessen gleich abschminken.« – »Trägst du denn Schminke?«, will Almut wissen. »Auf der Bühne schon, da bin ich immer geschminkt. Das sieht einfach viel besser aus. Und nach dem Auftritt wird einem die Rolle, die man gespielt hat, wieder abgeschminkt. Genau wie man sich manche Pläne oder Wünsche aus dem Kopf schlagen muss.«

*Sehen und nachsehen oder*

# AUF DEN BUSCH KLOPFEN

*Etwas ist im Busch*

»Meinst du, sie sind weg?«, fragte der kleine Fuchs seine Mutter. Beide keuchten, beide duckten sich, beide waren unter den dichten Zweigen einer Schlehdornhecke gar nicht zu sehen. »Ich glaube schon«, sagte die Füchsin. »Die Treiber sind vorübergegangen. Du warst tapfer und klug, weil du dich nicht gerührt und keinen Mucks von dir gegeben hast.« Der kleine Fuchs freute sich, aber etwas ängstlich blieb er. »Wie lange müssen wir uns hier verstecken?«, fragte er. »Manchmal kommen noch einmal Treiber oder Jäger«, sagte die Füchsin, »vor denen muss man sich besonders in Acht nehmen. Die haben Stangen dabei. Damit klopfen sie auf alle Sträucher und Büsche. Wenn sich ein Tier darin versteckt hat, erschrickt es und flieht. Dann können es die Jäger schießen.« – »Aber wir werden ganz still sein und uns nicht rühren, nicht wahr?«, sagte der kleine Fuchs. »Genau. Gut aufgepasst!«, erwiderte Mama Fuchs. »Dann denken die Menschen, da ist nichts im Busch und gehen weiter. Aber sei still, es kommt jemand.«

Zwei grün gekleidete Männer näherten sich. Ab und zu schlugen sie auf die Büsche, aber offenbar hatten sie keine große Lust dazu, denn sie ließen auch viele aus. Dem kleinen Fuchs klopfte das Herz trotzdem bis zum Hals. Es dauerte nicht lange, da hatten sich die Jäger wieder entfernt. »Jetzt sind wir sicher«, seufzte die Füchsin. »Weil wir schlaue Füchse sind«, japste der kleine Fuchs erleichtert. Und damit hatte er verdammt recht.

Wegen der Jagdmethode, versteckte Tiere durch Klopfen auf den Busch aufzuscheuchen, sagt man heute »auf den Busch klopfen«, wenn man etwas durch vorsichtiges Fragen erfahren will. Oft wird es auch als Ausdruck für eine leere Drohung verwendet. Dazu gehört die Redensart »Da ist etwas im Busch«, die bedeutet, dass man ein geheimes Vorhaben oder eine Gefahr an einer bestimmten Stelle vermutet.

*Die Schuld um den Hals oder*

# ETWAS ANPRANGERN

*Jemandem etwas anhängen*

In dem kleinen Ort Warburg war vor fünfhundert Jahren alles auf den Beinen. Man hielt Gerichtstag. Heute, am 1. Mai, wurde Lothar der Schmied verurteilt. Der Richter sagte zu ihm: »Lothar, du hast so lästerlich geflucht, dass wir es nicht länger dulden können. Dazu bist du ein großer Streithammel, der mit allen zankt und Unfrieden stiftet. Und gelogen hast du auch. Wir befinden dich daher für schuldig. Zur Strafe verurteile ich dich zu einer vollen Stunde am Pranger. Dazu musst du das Zeichen deiner Schande durch den ganzen Ort tragen, damit es alle sehen. Vielleicht schämst du dich ja so, dass du ein besserer Mensch wirst.«

Ein Gerichtsdiener kam. Noch ehe Lothar »Verdammt noch mal!« schreien konnte, hatte er ihm einen schweren Stein umgehängt. Der Stein hatte die Form eines großen Mundes. So etwas nannte man »Schandstein«, weil er das Vergehen deutlich zeigte. Die Schaulustigen riefen: »Seht das Großmaul! Jetzt ist er still!« Dann musste Lothar mit dem Stein um den Hals durch den Ort gehen. Gerichtsdiener begleiteten ihn. Schließlich kamen sie zu einer Steinsäule bei der Kirche auf dem Marktplatz. Die nannte man Pranger. Dort wurde Lothar angekettet und musste eine Stunde lang den Spott der Leute aushalten. »Da steht er am Pranger!«, riefen die einen. »Das Großmaul ist kleinlaut«, schrien die anderen. Lothar nahm es ruhig hin und lächelte sogar. Er wusste, dass die Spötter bald wieder zu ihm kommen würden. Er war nämlich der einzige Schmied im Ort. Wegen dieser alten Art zu strafen, die weit verbreitet war, sagt man noch heute »etwas anprangern«. Man stellt eine Schuld oder eine schlechte Sache gleichsam an den Pranger. Und wenn man heute jemanden beschuldigt und ihm etwas nachsagt, sagt man wegen der früher gebrauchten Schandsteine »jemandem etwas anhängen«.

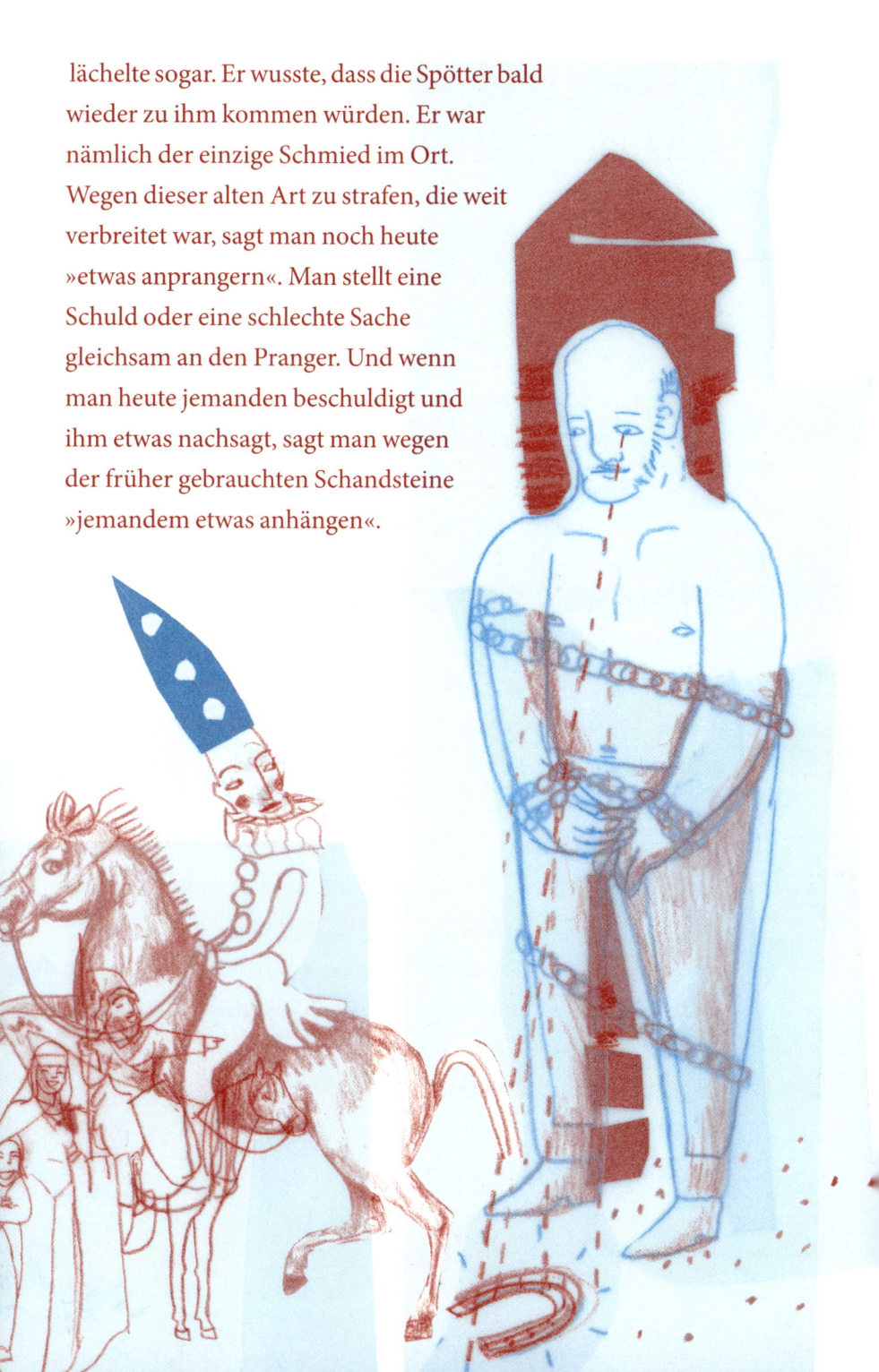

*Viel Lärm um nichts oder*

# JEMANDEN ABBLITZEN LASSEN

Jochen kommt ärgerlich heim. »Was ist denn mit dir los?«, fragt seine große Schwester Mona. »Ach, ich war mit Jessica auf dem Heimweg. Da hab ich sie gefragt, ob sie meine Freundin sein will. Sie hat bloß gelacht.« Mona nimmt ihn in den Arm und sagt: »Die hat dich aber ganz schön abblitzen lassen.« – »Sie hat mich eben nicht angeblinzelt!«, widerspricht Jochen. »Abblitzen, Jochen, abblitzen lassen. Das sagt man, wenn einer dem anderen eine Bitte abschlägt, ihn abweist. Das kommt von den alten Gewehren. Die hatten ihr Pulver auf einer Art kleinen Pfanne. Manchmal entzündete sich das zwar, löste aber keinen Schuss aus. Das nannte man Verpuffen oder Abblitzen. Und deshalb sagt man noch heute ›jemanden abblitzen lassen‹.«
»Dann soll sie doch in den Wind schießen, die blöde Kuh!«, schimpft Jochen. »Und wenn ich sie wieder treffe, dann sag ich ihr, dass du meine beste Freundin bist.«
Als Jochen am nächsten Tag aus der Schule kommt, verhält er sich merkwürdig still. Mona fragt: »Nanu, schon wieder abgeblitzt?« – »Nein«, sagt Jochen, »Jessica hat mir Süßigkeiten mitgebracht.« – »Das ist doch prima!«, meint Mona. Jochen stottert ein wenig: »Ja, aber ich hab doch gesagt, dass ... dass ich sie abblitzen lasse.« – »Das zeigt doch nur«, sagt Mona, »dass du nicht stur bist. Das lass dir von deiner großen Schwester gesagt sein.« – »Und!«, meint Jochen. »Wie ›und‹?«, fragt Mona. »Und von meiner besten Freundin.«

# 6.
# DAS KOMMT NICHT IN DIE TÜTE

*Redewendungen über das Schlechte*

*Der arme Buchdrucker oder*

## ETWAS VERBALLHORNEN

Über der Druckerwerkstatt im schönen Lübeck hing das Zeichen ihres Besitzers. Ein Ball und ein Horn. Er hieß nämlich Johann Ballhorn. Und weil sein Vater auch so hieß, nannte er sich zusätzlich »der Jüngere«.
Eines Tages im Jahr 1586 bekam er den Auftrag, eine neue Fassung des Gesetzbuches der Stadt zu drucken. Man nannte es »Das Lübische Recht«. Das galt nicht nur in der Stadt Lübeck. Viele andere Städte hatten diese Rechtssammlung übernommen. Johann Ballhorn der Jüngere freute sich über die wichtige Aufgabe. Wenn er nur gewusst hätte, was folgen würde!

Er bekam den Text, setzte und druckte ihn so sorgfältig, wie er konnte. Auf dem Titelblatt der Gesetzessammlung stand sein Name: Johann Ballhorn der Jüngere. Dazu stand noch etwas darüber: »Aufs Neue übersehen, korrigieret«. Es sollte sich ja nicht nur um eine veränderte Ausgabe der Gesetze, sondern um eine überprüfte und verbesserte Fassung handeln. Die Bearbeiter und Veränderer der Gesetze standen allerdings nicht auf dem Titelblatt des Buches. Die zogen es vor, nicht in Erscheinung zu treten. Sie wussten wohl, warum.

Als nämlich die Leute das Buch lasen, wurden sie sehr wütend. Sie fanden im Lübischen Recht neue Fehler, obwohl es doch korrigiert worden sein sollte. Noch schlimmer war: Sie fanden neue Gesetze, die ihnen das Leben schwerer machten. Immer mehr Menschen ärgerten sich. Der eine rief: »Das soll eine Verbesserung des Lübischen Rechts sein! Eine Verschlimmerung ist es!« Ein anderer stimmte ihm zu: »Ja, eine Verschlimmbesserung! Fürchterlich. Und wer ist der Schuldige?« – »Genau, wer ist der Schuldige?«, brüllten viele. Da schauten sie auf das Titelblatt des Buches und fanden als einzigen Namen den von Johann Ballhorn dem Jüngeren. »Der ist schuld!«, schrien sie. »Der hat das Lübische Recht nicht verbessert, sondern … sondern … verballhornt.«

Und tatsächlich bildete sich so die Redensart »etwas verballhornen« heraus, weil die Gesetzesveränderung so viele Menschen ärgerte. Erst hieß es »eine Verbesserung nach Johann Ballhorn«, dann »ballhornisieren«. Schließlich bildete sich heraus, was man bis heute sagt: »verballhornen«. Das ist dann eine Verschlimmbesserung, bei Büchern oder Wörtern.

*Der Liebe Not oder*

# JEMANDEN HÄNGEN LASSEN
*Unten durch sein*

Der Ritter Konrad freute sich auf die Nacht. Endlich würde das Fräulein Adelgunde ihn in ihr Schlafzimmer lassen! Er hatte ihr so oft durch ihre treue Dienerin Liese Liebesbrieflein geschickt. Heute war die Antwort gekommen.

Um elf Uhr nachts ging er zur Burgmauer. Oben auf den Zinnen erkannte er ein großes Rad mit einer Kurbel und einem langen Seil. Am unteren Ende hing ein großer Korb, direkt vor dem Ritter. Von oben rief Liese: »Steigt in den Korb, Herr Ritter!« Besorgt fragte Konrad: »Könnt ihr zwei mich denn hochziehen?« – »Ihr habt wohl Angst, Herr Ritter?«, fragte Adelgunde. »Nur Mut! Ich werde Liese helfen.«

Konrad stieg in den engen Korb. Er fühlte sich nicht sehr wohl. Noch weniger, als es nach oben ging. Der Korb knarzte und ächzte. Aber was tut ein Verliebter nicht alles! Auf halber Höhe hielt der Korb an. »Vielleicht müssen sie ausruhen«, dachte sich Konrad. Nach einer Weile rief er: »Was ist geschehen?« Dann schaute er hinauf. Niemand war zu sehen. Was tun? Nach unten springen? Da bräche er sich den Hals. Am Seil hinaufklettern? Unmöglich für ihn. So wartete er.

Am Morgen erwachte Ritter Konrad von einem Geräusch: Viele Menschen lachten. Unten an der Mauer und oben auf den Zinnen hatten sich die Burgbewohner versammelt und riefen: »Seht den Ritter Konrad! Den hat jemand hängen lassen.« Jetzt

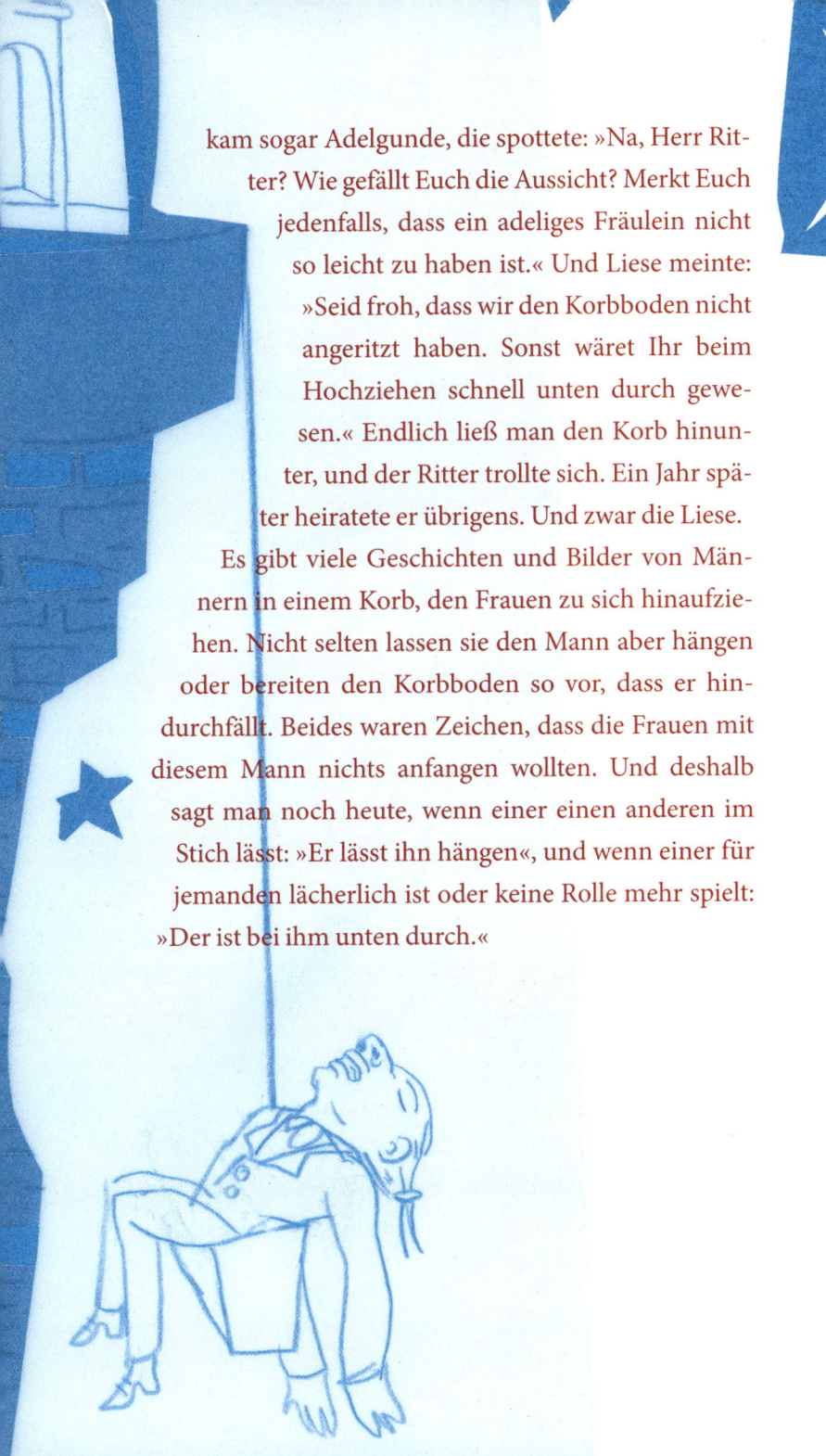

kam sogar Adelgunde, die spottete: »Na, Herr Ritter? Wie gefällt Euch die Aussicht? Merkt Euch jedenfalls, dass ein adeliges Fräulein nicht so leicht zu haben ist.« Und Liese meinte: »Seid froh, dass wir den Korbboden nicht angeritzt haben. Sonst wäret Ihr beim Hochziehen schnell unten durch gewesen.« Endlich ließ man den Korb hinunter, und der Ritter trollte sich. Ein Jahr später heiratete er übrigens. Und zwar die Liese.

Es gibt viele Geschichten und Bilder von Männern in einem Korb, den Frauen zu sich hinaufziehen. Nicht selten lassen sie den Mann aber hängen oder bereiten den Korbboden so vor, dass er hindurchfällt. Beides waren Zeichen, dass die Frauen mit diesem Mann nichts anfangen wollten. Und deshalb sagt man noch heute, wenn einer einen anderen im Stich lässt: »Er lässt ihn hängen«, und wenn einer für jemanden lächerlich ist oder keine Rolle mehr spielt: »Der ist bei ihm unten durch.«

*Ein Hin und Her oder*

# VON PONTIUS ZU PILATUS MÜSSEN
*Seine Hände in Unschuld waschen*

Die alten Römer hatten vor zweitausend Jahren ein riesiges Reich erobert. Auch die jüdischen Lande gehörten dazu. Dort setzten sie im Jahre 26 Pontius Pilatus als Präfekt ein. Zu seinem Amt gehörte die Verwaltung der Provinz Judäa. Außerdem hatte er als Richter in wichtigen Prozessen zu urteilen.

Eines Tages brachte man einen jüdischen Mann namens Jesus zu ihm. Seine Landsleute klagten ihn bei Pontius Pilatus an. Sie sagten, er wolle einen Aufstand anzetteln. Aus diesem Grund sollte man ihn zum Tod verurteilten. Pontius Pilatus verhörte Jesus, fand aber keine Schuld. Als er hörte, dass Jesus aus der Provinz Galiläa kam, hatte er eine Idee. »Für dich ist eigentlich der Herrscher Herodes zuständig. Bringt Jesus zu ihm.«

Also kam Jesus zu Herodes. Der wollte ihn verhören, doch Jesus schwieg. Herodes schickte ihn deshalb zurück zu Pontius Pilatus.

Der römische Präfekt war etwas ratlos. Er fand immer noch keinen Grund für ein Todesurteil. Eine große Menge und einflussreiche Leute bedrängten Pontius Pilatus aber, bis er Jesus kreuzigen ließ.

So steht es in der Bibel, die in früheren Zeiten fast alle sehr gut kannten. Sie sahen das Hin und Her zwischen Pontius Pilatus und Herodes als umständlich und sinnlos an. Deshalb kamen sie auf ein Wortspiel. Sie trennten die zwei Namen des Römers, als bezeichneten sie zwei Personen. Und deshalb sagt man: »Jemand muss von Pontius zu Pilatus«, wenn einer unnötige, sinnlose Umwege gehen muss. Weil Pilatus übrigens angeblich nichts mit dem Todesurteil zu tun haben wollte, heißt es, er habe sich nach dem Urteil die Hände gewaschen. Er wollte zeigen, dass kein Blut an ihnen klebe und er unschuldig am Tod Jesu sei. Deshalb sagt man noch heute, wenn jemand nichts mit einer Sache zu haben will: »Der wäscht seine Hände in Unschuld.«

# DIE SACHE HAT EINEN PFERDEFUSS
*Der Teufel steckt im Detail*

In einem kleinen Dorf in Böhmen lebte ein armer Müller namens Hans. Seine Mühle drehte sich seit Monaten nicht mehr.
Es fehlte an Wind. Alle Bauern ließen deshalb ihr Korn im
Nachbarort mahlen. Der Müller Hans wollte schon verzwei-
feln, da kam ein Mann im roten Mantel zu ihm und sagte: »Ich
habe gehört, Ihr seid in Not. Ich will Euch helfen.« Wie freute
sich da der Müller. Er fragte aber: »Wie soll das geschehen? Der
Wind bläst, wo er will.« Der Fremde sagte: »Ihr werdet schon
sehen. Ihr müsst mir nur versprechen, morgen ein Stück Papier
zu unterschreiben.« Und kaum hatte er das gesagt, drehte er
sich um und war hinter zwei Bäumen verschwunden – wie
weggezaubert. Der Müller glaubte schon, er hätte geträumt.
Doch plötzlich wehte der Wind wieder. Eine halbe Stunde später standen drei Bauern mit ihren Fuhrwerken vor der Mühle
und wollten ihr Korn gemahlen haben.

Als der Fremde im roten Mantel am nächsten Tag wiederkam,
rief der Müller Hans froh: »Ihr seid mein Mann! Gestern konnte ich endlich wieder arbeiten! Wo soll ich unterschreiben, damit es so weitergehen kann?« Der Fremde lächelte, holte ein Papier aus der Tasche und hielt es dem Müller unter die Nase.
»Nur hier und hier wäre Euer Name zu schreiben, Meister
Hans. Dann ist Euer Glück gemacht.« Der Müller wollte schon
unterschreiben, da hob ein Windstoß den langen Mantel des

Fremden ein wenig. Darunter schaute ein Pferdefuß und ein normaler Fuß hervor. »Ihr seid der Teufel!«, rief der Müller, »Nur der hat einen Pferdefuß. Ich will lieber auf Erden unglücklich sein, als in der Hölle schmoren!« Da stampfte der Teufel wütend mit seinem Huf auf und verschwand im Erdboden. Ab dem Moment wehte der Wind wieder wie die Jahre zuvor, und der Müller freute sich seines Glücks.

Wegen solcher alter Geschichten über den Teufel und seinen Pferdefuß sagt man noch heute, wenn etwas gut aussieht, aber manches daran gefährlich oder schlecht ist: »Die Sache hat einen Pferdefuß.« Als ob eben der Teufel eine Rolle dabei spiele. Und weil der sich angeblich listig verborgen hält, sogar hinter Winzigkeiten, sagt man: »Der Teufel steckt im Detail.« Das heißt, man soll auch auf kleine Dinge achten, weil sie schlimme Auswirkungen haben können.

*Ein produktives Missverständnis oder*

# ES ZIEHT WIE HECHTSUPPE

Vor hundertfünfzig Jahren saßen einmal zwei Zeitungsschreiber in ihrem gemeinsamen Büro in München. Beide hatte die Arbeitssuche in die Fremde verschlagen. Der eine war ein Jude aus Breslau und hieß Heinrich. Der andere stammte aus Hannover in Niedersachsen und hieß Ludwig.

Eigentlich waren sie ganz zufrieden mit ihrer Arbeit. Nur eine Sache störte sie. Die Türen und Fenster ihres Büros schlossen nicht sehr gut. Deshalb sagte Heinrich, als es an diesem Tag besonders stark wehte: »Es zieht hier wie hech supha.« Ludwig stutzte, doch dann dachte er sich: »Stimmt eigentlich. Hechtsuppe muss wie jede Fischsuppe ziehen. So bekommt sie mehr Geschmack, weil der Fisch lange in der Brühe liegt. Da hat der Heinrich ein schönes Wortspiel erfunden. Das Ziehen des Luftzugs im Zimmer und das Ziehen der Fischsuppe. Er spricht die Wörter nur nicht so gut aus. Vielleicht sagt man das unter den Juden in Breslau ein wenig anders als bei uns.« Also sagte Ludwig: »Genau! Das ist ein prima Wortspiel. Es zieht wie Hechtsuppe.« Heinrich dachte sich: »Wieso Wortspiel? ›Hech supha‹ sagt man immer bei uns, wenn es zieht. Das ist doch aus unserer jiddischen Sprache. ›Hech supha‹ bedeutet ›wie ein Sturm, starker Wind oder eine Windsbraut‹. Ich wiederhole es am besten noch einmal.« Also sagte Heinrich ganz deutlich: »Es zieht wie hech supha.« – »Stimmt,« sagte Ludwig jetzt ebenfalls ganz deutlich, »es zieht wie Hechtsuppe.« Und weil in diesem Mo-

ment der Chefredakteur hereinkam, sprachen sie nicht weiter
darüber. Ludwig aber verwendete den schönen Ausdruck am
nächsten Tag gleich in einem Artikel.

So könnte es gekommen sein, dass sich ein jiddischer Ausdruck in einen deutschen verwandelte. Weil die Deutschen
zwei unbekannte Wörter aus dem Hebräischen für ein
bekanntes Wort aus dem Deutschen hielten. Dabei hätte
die Deutschen eine Sache misstrauisch
machen sollen. Man kocht zwar
gerne Fischsuppe, aber
Hechtsuppe so gut wie nie.

# DAS IST HANEBÜCHENER UNSINN

*Sich geschnitten haben*

»Autsch!«, schrie Tilmann und schaute auf seine Finger. Aus einem dünnen Schnitt floss etwas Blut. »Dieses Holz ist gar zu grob und zu knorrig. Jetzt bin ich zum dritten Mal mit dem Schnitzmesser abgerutscht. Ich hätte vielleicht lieber Linde nehmen sollen. Das Holz der Hainbuche hält zwar sehr schön lange, aber das wird mir langsam zu gefährlich.«

Weil das Holz der Hagebuche oder auch Hainbuche so grob war, wurde es sprichwörtlich dafür. Man sagte vor tausend Jahren als Eigenschaftswort statt »grob« auch »hagenbüechin« und später »hanebüchen«. Wenn jemand nun frechen, groben Unsinn erzählte oder eine grobe Lüge, sagte man dazu »hanebüchener Unsinn« oder »hanebüchene Lüge«. Weil die Menschen faul sind und jeder die Wendung kannte, sagte man bald nur noch »hanebüchen«, wenn man etwas für unsinnig oder unglaubwürdig hielt. Und so sagt man es noch heute.

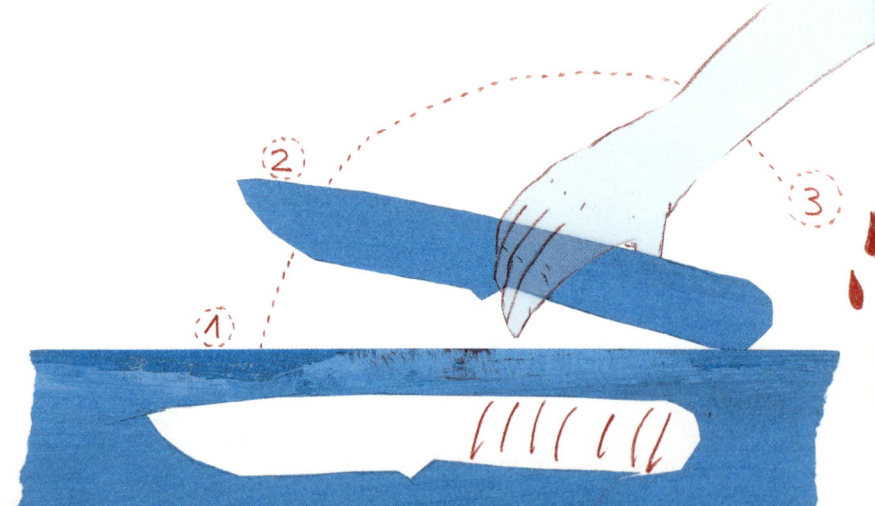

*Mit Glück und Spucke oder*

# DAS BLEIBT MIR IM HALS STECKEN

Vor sechshundert Jahren stand Heinrich vor Gericht. Man beschuldigte ihn, zwanzig Hühner gestohlen und verkauft zu haben. Richtig beweisen ließ es sich nicht. Heinrich konnte aber auch seine Unschuld nicht beweisen. Schließlich sagte der Richter: »Um die Wahrheit zu erfahren, wird Heinrich die Halsprobe machen müssen.« Heinrich schluckte, als wollte er üben. Da kam schon der Gerichtsdiener mit einem Stück trockenem Brot. Der Richter hatte inzwischen einen kleinen Zettel mit einem magischen Spruch beschrieben. Da hinein wickelte er das Brotstück. Ein Priester kam und sprach ein paar Worte darüber. Dann näherte sich der Gerichtsdiener mit dem Brotpapierklumpen Heinrich. Der versuchte verzweifelt, Speichel in seinem Mund zu sammeln. »Schluckt dies, ohne zu kauen, und Ihr seid frei!«, rief der Richter. Heinrich öffnete den Mund und erschrak, wie groß das Brotstück war. Das Papier fühlte sich an wie rissige Baumrinde und klebte am Gaumen. Er wollte so gerne kauen, aber durfte nur die Zunge, nicht die Kiefer bewegen. Schweiß stand auf seiner Stirn. Da dachte er an den leckeren Hühnerbraten letzten Sonntag. Er hatte nämlich nur neunzehn Hühner verkauft. Das war seine Rettung. Ihm lief vor Appetit das Wasser im Mund zusammen. Schließlich war es so viel, dass er den Brotbrocken durch den Hals in den Magen hinunterwürgen konnte. Der Richter war zufrieden und sagte: »Das Gottesurteil hat es erwiesen. Heinrich ist der

Bissen mit dem gesegneten Papier nicht im Hals stecken geblieben. Er ist unschuldig.« Die Gerichtsversammlung erhob sich und gratulierte Heinrich, der sich höflich verneigte und daran dachte, beim nächsten Diebstahl noch vorsichtiger zu sein. Tatsächlich gab es im Mittelalter solche Gottesurteile. Doch wahrscheinlich sagt man nicht nur deshalb: »Ein Wort oder ein Bissen bleibt im Hals stecken«, wenn man erschrickt, einem etwas sehr unangenehm ist oder man nichts zu sagen weiß. Man vergleicht auch sonst das Verarbeiten von Erlebnissen und Informationen mit dem Essen. So heißt es, man muss »etwas schlucken«, wenn man eine schlechte Nachricht bekommen hat. Ist sie besonders schlimm, bleibt sie einem gleichsam im Halse stecken.
Wem das beim Essen geschehen ist, der weiß, wie bedrohlich sich das anfühlt. Ähnlich ist es, wenn man »etwas in den falschen Hals kriegt«.
Es ist ja unangenehm, wenn Speise in die Luftröhre gerät. Das verglich man mit an sich harmlosen Worten, die jemand falsch und ärgerlich verstand.

*Ein überraschender Ausflug oder*

# EULEN NACH ATHEN TRAGEN

Überall stand Perikles im Weg. Auf dem Bauernhof war aber auch viel los an diesem Tag im Jahr 460 vor Christus. Der Vater trieb ein Ochsengespann an der Ölmühle im Kreis. Die Schweine wühlten im Dreck. Die kleinen Hunde übten Jagen und Kämpfen. Die Knechte droschen das Getreide. Und die Mutter füllte Öl in Amphoren aus Ton. Dabei kann ein Achtjähriger wie Perikles schon im Weg stehen. Schließlich rief der Vater wütend: »Du solltest besser Eulen nach Athen tragen!« Perikles freute sich. Endlich hatte er einen Auftrag. Er nahm vom Hausaltar die zahme Eule, die dort Wache hielt. Perikles redete ihr gut zu. »Ganz ruhig, Glauke! Jetzt darfst du mal etwas anderes sehen. Wir gehen nach Athen.« Die Strecke vom Dorf bis in die große Stadt war nicht so lang. Nur zwei Stunden nachdem sie aufgebrochen waren, standen Perikles und seine zahme Eule vor dem Tor. Ein Wächter sah ihn lachend an und fragte: »Was wollt Ihr beiden denn hier?« – »Mein Vater hat mir gesagt, ich solle Eulen nach Athen tragen, aber wir haben nur diese eine. Ich nenne sie Glauke.« Der Wächter sagte gar nichts. Er konnte wohl auch nichts sagen, weil er so lachen musste. Aber er wies Perikles und seiner Eule den Weg in die Stadt. Die Athener schienen allesamt lustige Leute zu sein. Viele lachten genauso wie der Wächter. Manche fragten auch erst verwundert und lachten dann. Perikles wurde die Sache zu dumm. Er machte kehrt und war am Abend wieder daheim.

»Wo bist du denn gewesen?«, fragte ihn der Vater, der sich den Schweiß von der Stirn wischte und die Ochsen abspannte. »Du hast doch gesagt, ich solle Eulen nach Athen tragen. Und da hab ich Glauke mitgenommen, weil wir ja nur eine haben. Die Athener sind aber alberne Leute. Überall haben sie mich und Glauke ausgelacht. Dabei hatten sie selbst überall Eulen.« Da machte der Vater ein Gesicht, als wollte er ebenfalls lachen. Doch es gelang ihm, ernst zu bleiben. »Weißt du, Perikles, das ist so. Athen heißt nach unserer Schutzgöttin Athene. Athene wird immer von einer Eule begleitet. Deshalb sind die Eulen für uns, aber erst recht für die Bewohner Athens auch heilig. Überall in der Stadt gibt es zahme Eulen, aus Holz geschnitzte Eulen, gemalte oder in Stein gehauene Eulen. Selbst auf den Münzen Athens, wie bei dieser hier, findet sich eine Eule. Und deshalb heißt es, wenn einer etwas Überflüssiges oder Sinnloses getan hat: Der hat Eulen nach Athen getragen. Schließlich brauchen sie dort nicht noch mehr. Und vorhin habe ich mich einfach geärgert, weil du dauernd im Weg warst.« Perikles wollte sich jetzt seinerseits ärgern, doch sein Vater strich ihm über den Kopf. »Weißt du, vielleicht hat Glauke die Reise gefallen. Immer nur an unserem Hausaltar zu hocken ist sicher mächtig langweilig.«

Ob Glauke alles verstanden hatte oder wie alle Eulen einfach nur sehr klug war? Jedenfalls zwinkerte sie mit den Augen, schaute Perikles kurz an und nickte.

*Nicht ganz so rein oder*

# DRECK AM STECKEN HABEN

Der Graf und die Gräfin sprachen über einen jungen Mann, der ihre Tochter Gertrud heiraten wollte. »Ich fand den Junker Eberhard ja sehr galant«, sagte die Gräfin. »Das stimmt«, sagte der Graf, »und er ist offenbar ein wohlhabender Mann: Er trug eine schöne Jacke, schöne Hosen, einen geschmackvollen Hut, feine Schuhe und einen modischen Gehstock.« Da mischte sich ihre Tochter ein: »Aber habt Ihr den Gehstock genau angesehen?« – »Wieso sollten wir das denn?«, fragten Graf und Gräfin wie aus einem Munde. »Weil er schmutzig war«, sagte Gertrud. »Das weist darauf hin, dass Junker Eberhard zu Fuß gekommen ist. Dann hat er vor der Tür mit dem Stock den Straßendreck von den Schuhen gekratzt.« – »Ein Betrüger!«, riefen der Graf und die Gräfin wie aus einem Munde. »Nun ja«, sagte ihre Tochter. »Man könnte sagen, dass er nicht reich, aber reinlich ist. Er wollte den bestmöglichen Eindruck machen.« Da riefen der Graf und die Gräfin wie aus einem Munde: »Was haben wir für eine kluge Tochter!« Und weil die kluge Tochter den Junker Eberhard sehr nett fand, fand bald auch die Hochzeit statt.

Wegen der schmutzigen Wege früher kratzte man sich tatsächlich mit Gehstöcken den Dreck ab und sah dann sauber aus – bis auf den Dreck am Stecken. Das wurde zu einer Redewendung, die den Verdacht gegenüber anderen Menschen ausdrückte, denn Untaten, Sünden verglich man mit Dreck.

*Wo die wilden Krakeler wohnen oder*

# DAS KANN DOCH KEIN SCHWEIN LESEN

Im Norden Deutschlands gab es einst viel mehr Kühe, Hühner und Schweine als Menschen. Da lebte vor vierhundert Jahren die Familie Swyn. Vater und Mutter Swyn hatten als Kinder in der fernen Stadt lesen und schreiben gelernt. Sie hatten es sogar richtig gut gelernt. Die Bauern ringsum konnten es höchstens ein bisschen. Sie hatten den lieben langen Tag mit Pflügen, Säen, Ausmisten, Mähen, Melken zu tun. Alle paar Monate aber kam doch einmal ein Brief aus der Ferne. Dann gingen die Bauern zur Familie Swyn. Dort konnten inzwischen sogar die Kinder gut lesen und schreiben.

Eines Tages kam Hermann Düker zum Haus der Swyns und sagte zu Vater Swyn: »Ich hab hier einen Brief. Mein Bruder schreibt mir. Er lebt lange schon in Nürnberg. Könnt Ihr mir vorlesen und eine Antwort schreiben? Es soll Euer Schade nicht sein!« Da setzte Vater Swyn die Brille auf und nahm das Blatt in die Hand. Nach kurzer Zeit ließ er es sinken und sagte: »Da muss ich meine Frau bitten!« Doch auch sie blickte nur stumm auf das Papier. Dann meinte sie: »Vielleicht können es die Kinder. Die haben frische Augen.« Jan und Antje Swyn kamen gleich gelaufen, als die Eltern sie riefen. Jan gab sich große Mühe, und tatsächlich entzifferte er nach einigen Minuten: »Lieber Bruder«. Aber mehr konnte er nicht lesen. Schließlich versuchte Antje Swyn ihr Glück. Sie sagte: »Am Ende steht etwas wie ›Dein Franz‹. Aber den Rest kann kein Swyn le sen.« – »Kopf hoch!«, sagte Vater Swyn zu Herrn Düker. »Ich werde für Euch einen Brief an Euren Bruder schreiben, in dem steht, dass er deutlicher schreiben soll.« Und so geschah es.

Ob diese Geschichte von der Familie Swyn stimmt, weiß man nicht genau. Man erzählt sie sich jedenfalls schon sehr lange. Angeblich konnte die Familie Swyn selbst üble Krakeleien lesen. Deshalb habe man zu etwas ganz Unleserlichem gesagt: »Das kann doch kein Swyn lesen.« – »Swyn« sagt man in Norddeutschland zum Schwein.

Es gibt allerdings Zweifler. So sagt man auch zu einem, der schlecht schreibt: »Der hat eine Sauklaue.« Mit den Füßen eines Schweins könnte man nämlich nicht schreiben. Außerdem sagt man schon lange »kein Schwein«, wenn man »niemand« meint. Aber die Geschichte von der Familie Swyn überlebt allen Zweiflern zum Trotz.

*Schmutziges Wasser oder*

# ETWAS AUSBADEN MÜSSEN

*Das Kind mit dem Bad ausschütten*

»Friedrich, Kinder! Das Wasser ist heiß! Der Badetag kann beginnen!« So rief vor langer Zeit Margarethe. In einer großen Holzwanne vor dem Haus dampfte das Wasser. Jetzt kamen alle zur Wanne, und Margarethe sagte wie jeden Monat: »Als Erstes kommt der Vater dran. Hopp, Friedrich, in den Zuber!« Der Vater zog sich aus und stöhnte wohlig, während er sich wusch. Kaum war er fertig, stieg Margarethe ins Wasser. Dann folgten die Kinder Heinrich, Jakob und Regina. Schließlich stand nur noch der kleine Johannes an der Wanne, der kaum über den Rand sehen konnte. Das Wasser dampfte nur noch wenig. Sau-

ber war es gar nicht mehr. »Warum muss immer ich es ausbaden?«, fragte Johannes. »Du bist nun mal der Kleinste«, sagte Margarethe und setzte ihn sanft in die Wanne. »Schau, sauberer wirst du doch. Und am Ende machen wir es wie jeden Monat. Das darfst nur du.« Johannes patschte fröhlich im Wasser und rief: »Das Kind mit dem Bad ausschütten!« Und so machten sie es wirklich. Als sie ihn gewaschen hatte, warf Margarethe vorsichtig die Wanne samt Johannes um, der lachend im Waschwasserschwall auf den Hof gespült wurde.

Weil früher sehr viele Menschen eine Wanne nacheinander benutzten, sagt man noch heute von einem, der für etwas einstehen muss, das andere angerichtet haben: Der muss es ausbaden. Wie eben der letzte einer Familie beim Badetag. Und wenn jemand etwas eigentlich Sinnvolles tut, dabei aber etwas viel Wichtigeres übersieht und falsch macht, sagt man: Er schüttet das Kind mit dem Bad aus. Das dreckige Wasser am Ende auszuschütten ist sinnvoll. Doch vorher muss man natürlich das Kind aus der Wanne nehmen!

*Die immer schnellere Redensart oder*

# AUF 180 SEIN

Im Jahr 1899 fuhr zum ersten Mal ein Auto über 100 Kilometer pro Stunde. Das war in Frankreich, und der Wagen wurde mit Strom angetrieben. Alle bewunderten die hohe Geschwindigkeit. Züge oder andere Autos, die mit Dampf oder Benzin angetrieben wurden, fuhren viel langsamer. Schon 80 Kilometer pro Stunde galt damals als schnell. Ein schneller Zug oder ein Auto entwickelte aber auch noch große Hitze. Und das erinnerte die Menschen an die Hitze, die jemand spürt, der sich sehr ärgert. Deshalb sagte man vor hundert Jahren, wenn man sich aufregte: »Ich bin auf achtzig!« Es hieß, dass man auf dem Höhepunkt des Ärgers war.

Dann entwickelten die Techniker immer bessere Motoren. Die Autos fuhren noch schneller. Da fanden die Menschen »achtzig« nicht mehr ausreichend. Wenn sich um 1920 einer über jemanden ärgerte, sagt er nun: »Der bringt mich auf hundert.«

Wieder verging die Zeit. Fünfzig Jahre später fuhren selbst normale Autos schon 140 oder sogar 150 Kilometer pro Stunde. Und was meinst du, sagten die Leute, wenn sie sich jetzt richtig heftig ärgerten? Sie sagten: »Der bringt mich auf hundertachtzig.« So schnell fuhren nur ein paar Sportwagen.

Heute erreichen viele Autos 180 Kilometer pro Stunde. Gar nicht so wenige fahren sogar über 200. Wer weiß, bald sagt einer, der sich tierisch aufregt: »Du bringst mich auf zweihundertfünfzig.«

# 7.
# HOPP ODER TOPP?

*Redewendungen über wichtig,*
*unwichtig und egal*

# DAS IST BLOSS 08/15

»Nicht schon wieder!«, stöhnte vor vielleicht achtzig Jahren der Soldat Kirst. »Doch, doch!«, brüllte der Ausbilder. »Heute werden die Maschinengewehre auseinandergebaut und zusammengebaut. Hopp, hopp!« Die nächsten Stunden vergingen hektisch und langweilig zugleich. Kaum hatte einer der Soldaten die vielen Teile eines Maschinengewehrs vor sich liegen, rief er laut: »Zerlegt!« Und sofort danach fing er an, die vielen Teile wieder zusammenzufügen, um am Ende zu rufen: »Fertig!« Dann ging es wieder von vorne los. Zwischendrin brüllte der Ausbilder immer wieder, um die Männer anzutreiben. Manchmal stellte er auch Fragen: »Was zerlegen Sie da, Soldat Kirst?« – »Ein MG 08/15«, rief Kirst. »Und warum heißt das

so?«, brüllte der Ausbilder weiter. »MG ist die Abkürzung von Maschinengewehr, und dieses MG wurde 1908 erstmals verwendet und 1915 verbessert.« – »Richtig!«, brüllte der Ausbilder. »Ihr könnt jetzt zum Essen gehen.«

Auf dem Weg zum Essen sagte der Soldat Kirst zu einem Kameraden: »Irgendwann schreib ich mal ein Buch über diesen dummen Militärdienst. Das nenne ich dann ›08/15‹.« Sein Kamerad wunderte sich: »Wieso denn das?« – »Na«, antwortete Kirst, »wegen des Maschinengewehrs, das wir und Millionen anderer Soldaten immer und immer wieder auseinander- und zusammenbauen müssen. Wir nennen Dienste, die sich stumpf wiederholen, doch auch schon oft 08/15. Außerdem besteht das MG aus lauter Standardbauteilen. Standard ist hier beim Militär alles. Da zählt der Einzelne gar nichts.«

Nach dem Zweiten Weltkrieg wurde aus dem Soldaten Kirst einfach Hans Helmut Kirst. Er schrieb viele Bücher, die von der Soldatenzeit handelten. Im Titel nahm er das auf, was alle Soldaten nur zu gut kannten: »08/15«. Die Bücher verkauften sich millionenfach. Seitdem kann auch ein Film oder ein Fest oder ein Essen 08/15, also eher langweilig bzw. bloß das Übliche sein. Weil Soldaten oft lässig und in der Umgangssprache redeten, spricht man es übrigens gern »null acht fuffzehn« aus.

*Wer A sagt, muss nicht B sagen oder*

# DAS A UND O

»Heute wiederholen wir das Alphabet!«, sagte Aristoteles zu Alexander. Der sprudelte los: »Alpha, Beta, Gamma, Delta, Epsilon, Zeta, Eta, Theta, Iota, Kappa, Lambda, Mü, Nü, Xi, Omikron, Pi, Ro, Sigma, Tau, Ypsilon, Phi, Chi, Psi, Omega.« Aristoteles freute sich: »Sehr gut! Du hast alle Buchstaben unseres griechischen Alphabets gelernt. Und warum heißt es Alphabet?« – »Wegen der ersten beiden Buchstaben, dem Alpha und dem Beta.« sagte Alexander. »Und wie«, fragte Aristoteles, »nennt man die Gesamtheit von etwas?« Alexander musste nur kurz nachdenken und antwortete: »Das Alpha und das Omega. Der erste und der letzte Buchstabe bestimmen ja auch unser ganzes Alphabet.« Aristoteles nahm ein Körbchen und sagte: »Ich habe mir schon gedacht, dass du fleißig sein würdest. Deshalb habe ich den Bäcker gebeten, etwas ganz Besonderes zu backen.« Als Alexander in das Körbchen schaute, da sah er alle Buchstaben liegen: aus Teig gebacken, mit Honig bestrichen und mit Pistazien bestreut. In der nächsten halben Stunde durfte er das ganze Alphabet aufessen: von Alpha bis Omega.

Wir sagen wegen des griechischen Alphabets »Das ist das A und O«, wenn wir von etwas Wichtigem oder Unverzichtbarem sprechen. Außerdem sagt Jesus in der Bibel: »Ich bin das Alpha und das Omega«, also der »Anfang und das Ende« oder einfach »das Wichtigste«.

*Worte sind schön, aber Hühner legen Eier oder*

# DER SPRINGENDE PUNKT

Vor 2300 Jahren fragte sich der griechische Forscher und Weise Aristoteles: »Wann entsteht eigentlich neues Leben?« Er dachte lange darüber nach. Als seine Frau Eier braten wollte und eins fortwarf, weil es nicht mehr gut war, kam ihm die Idee: »Eier! Das ist es«, rief Aristoteles. Dann begann er ein Experiment. Er schaute täglich bei einem Hühnerhof in der Nähe vorbei. Bei jeder brütenden Henne schrieb er auf, wann sie ihr Ei gelegt hatte. Jeden Tag untersuchte er ein Ei. Erst eines, das einen Tag bebrütet worden war, dann eines, bei dem es zwei Tage waren, dann eines, bei dem es drei Tage waren. Am vierten Tag war es dann so weit. »Komm doch mal!«, sagte Aristoteles zu seiner Frau, als er das Ei vorsichtig von der Hälfte seiner Schale befreit hatte. »Da ist etwas. Ein hüpfender Punkt von Blut. Der springt und pulsiert. Das wird so etwas wie das Herz des späteren Huhnes sein. Jetzt beginnt sich das Leben richtig zu regen.«
Und weil spätere Forscher oft Aristoteles lasen, sprachen auch sie vom »springenden Punkt«, der zeige, dass hier Leben beginne. Viele Jahrhunderte taten sie es auf Latein und sagten »punctus saliens« dazu. Immer mehr wurde dann eine Redensart daraus, die allgemein etwas besonders Wichtiges bezeichnete, etwas, auf das es besonders ankommt. Das ist der Beginn des Lebens ja zweifellos. Und so sagen wir es noch heute.

# DAS IST MIR WURST

Den ganzen Vormittag waren Clemens und sein dritter Opa
Rainer unterwegs. Eigentlich ist er »nur« der Lebensgefährte
seiner Oma, aber Clemens findet es toll, drei Opas zu haben.
Sie hatten sich ausführlich den Stadtbrunnen angesehen und
die Feuerwehr, die gerade ihre Schläuche und Fahrzeuge auf
dem Marktplatz zeigte. Jetzt hatten sie Hunger. »Was möchtest
du essen?«, fragte Rainer. »Das ist mir egal«, sagte Clemens.
»Egal ist 66«, meinte Rainer. Clemens wunderte sich: »Wieso

66?« – »Weil man die Zahl von vorn und von hinten lesen kann, völlig Wurst. Es kommt doch das Gleiche heraus«, erwiderte Rainer. »66 verstehe ich«, sagte Clemens, »aber warum sagt man: ›Es ist mir Wurst‹?« Rainer musste kurz überlegen, aber dann fiel ihm allerlei ein: »›Der Inhalt einer Wurscht bleibt ewig unerfurscht.‹ Das sagt man, weil angeblich in eine Wurst alles Mögliche hineinkommt. Und natürlich gibt es den Spruch: ›Alles hat ein Ende, nur die Wurst hat zwei.‹ Ob du die Wurst links oder rechts anbeißt, ist ganz egal. Und dann sagte man früher angeblich: ›Das ist Wurst wie Pelle.‹ Das Wort Wurst soll nämlich auch für die Haut gestanden haben.« Clemens freute sich und rief: »Wir wollen Wurst! Wir wollen Wurst!« – »Na«, sagte Rainer, »dann hat es sich ja gelohnt, darüber zu sprechen. Da an der Ecke des Marktes gibt es prima Bratwürstchen.« – »Stimmt«, meinte Clemens, »und ich kann von hier aus lesen, wie der Besitzer heißt.« – »Toll!«, sagte Rainer. »Wie denn?« – »Würstl-Hannes«, las Clemens vor, und Rainer ergänzte: »Also ist der eigentlich ein Hanswurst, denn Hannes und Hans sind die Kurzformen von Johannes. Hanswurst hieß früher die komische Figur im Theater, so wie der Kasper. Und noch früher hießen dicke Menschen so, weil sie in ihre Kleidung gestopft waren wie eine Wurst in ihre Haut.« – »Dann müssen wir zwei aber noch viele Würstchen essen«, sagte Clemens. Rainer kaufte zwei Paar Bratwürste. Und den Rest ihrer Unterhaltung verstand man nicht mehr, weil beide den Mund vollhatten.

# DAS IST DES PUDELS KERN

Vor fünfhundert Jahren lebte in deutschen Landen ein berühmter Gelehrter, der Johann Faust hieß. Er war so klug, gelehrt und weise, dass sich die Menschen über ihn wunderten. Ja, sie fürchteten sich sogar vor ihm. Es schien ihnen unheimlich, so viel zu wissen. Vielleicht ging es ja nicht mit rechten Dingen zu. Tatsächlich forschte Faust nicht nur, er versuchte, Geister zu beschwören.

Nach einer Nacht ohne Schlaf und voller Enttäuschungen machte Faust mit seinem Gehilfen Wagner einen schönen Osterspaziergang. Dabei sah er in einiger Entfernung einen Pudel herumstreifen. Ein seltsamer Feuerschein schien dem Hund zu folgen. Als Faust in sein Haus zurückkehrte, hüpfte der Pudel mit über die Schwelle. Erst fand der Gelehrte das Tier possierlich. Doch bald lief es unruhig umher, schnupperte an der Schwelle, knurrte, heulte und bellte. Faust ärgerte die Unruhe, und er öffnete die Tür. Statt davonzulaufen, wurde der Hund breiter, länger und größer. Da begann der Gelehrte, ihn mit Zaubersprüchen zu beschwören. Nach einigen Versuchen hatte er die richtigen Worte getroffen. Es erhoben sich dicke Wolken, die den Raum bedrohlich anfüllten. Und kurz darauf stand da, wo der Pudel sich gerade noch gewunden hatte, plötzlich ein Student und grüßte höflich. Da lachte Faust und sagte: »Das also war des Pudels Kern.« Der Student hatte ja gleichsam in dem Hund wie ein Kern in der Kirsche gesteckt. In Wirklichkeit war es aber ein Teufel mit Namen Mephisto, der sich aus dem Pudel in einen Menschen verwandelt hatte.

Der Dichter Johann Wolfgang Goethe erzählt diese Geschichte in seinem spannenden und lustigen Theaterstück, das so heißt wie der Gelehrte: »Faust«. Das Stück sahen und lasen Millionen Menschen. Deshalb wurden viele Sätze aus ihm sehr berühmt. Und so sagt man noch heute, wenn man erkennt, was hinter einer Sache steckt: »Das ist des Pudels Kern.«

*Große Schnauze oder*

## DAS IST NUR EIN PAPIERTIGER

Auf dem Schulhof stehen Elke und Lian zusammen. Lians Eltern kamen vor Jahren aus China nach Deutschland. Jetzt erzählt Lian ihrer Freundin: »Mein Großvater meint immer: ›Lauernder Tiger, verborgener Drache.‹« Elke ist verwirrt. Sie sieht ihre Freundin lange an und fragt dann: »Was soll das denn heißen?« – »Na ja,« sagt Lian, »das kommt eigentlich aus dem Chinesischen, nur auf Deutsch klingt es irgendwie seltsam.« – »Stimmt!«, sagt Elke. »Es klingt aber auch schön. Nur verstehe ich nicht, was es bedeutet.« – »Es bedeutet,« sagt Lian, »dass es tiefe Geheimnisse unter der Oberfläche des Lebens gibt. Was man sieht, ist nicht alles.« – »Das verstehe ich«, sagt Elke, »mein Pausenbrot sieht man auch nicht mehr, und zwar weil ich es gegessen habe.« – »Du bist ja so doof …«, meint Lian. »Selber doof!«, äfft Elke Lian nach. »Und du bist sogar superdoof«, schreit Lian. Jetzt brüllt Elke aber: »Wenn du das noch einmal sagst, dann, dann, dann wirst du es bereuen!« – »Du bist ja bloß ein Papiertiger!«, kreischt Lian. Doch irgendwie kippt ihre Stimme, und es kiekst so lustig, dass beide lachen müssen.

Elke fragt lachend: »Bist du dem Papiertiger noch böse?« Lian murmelt: »Nö. Und du?« Elke versucht zu schnurren, aber so richtig gelingt es ihr nicht. »Weißt du, dass der ›Papiertiger‹ auch aus China kommt?«, fragt Lian. »Das sagt man nämlich zu Leuten, die einem fürchterlich drohen, wie ein Tiger eben. Aber dann kommt heraus, dass sie eher harmlos sind.« Elke nickt: »Große Schnauze und nichts dahinter, sagt man bei uns.« – »Lustig«, sagt Lian, »bei uns heißt es: Tigerkopf, Schlangenschwanz. Das ist so ähnlich wie Papiertiger. Es gibt übrigens bei unseren Festen wirklich Papiertiger, die man wie Drachen steigen lassen kann. Oder große Tigerfiguren, die nur aus Pappe sind. Vor denen muss man keine Angst haben.« – »Und wieso sagen wir in Deutschland auch ›Papiertiger‹?«, fragt Elke. »Keine Ahnung«, meint Lian, »aber das können wir später Frau Schlosser fragen.«

Und tatsächlich weiß Frau Schlosser, dass vor fünfzig Jahren in China Mao Tse-Tung geherrscht hatte. Als die Vereinigten Staaten von Amerika drohten, China mit Atombomben anzugreifen, meinte Mao: Die Amerikaner seien gefährlich, aber sie würden sich als Papiertiger erweisen. Sie drohten nur, handelten aber nicht. Das hat man dann überall in den Zeitungen zitiert, und seitdem kennt man auch bei uns die Redensart.

*Die menschliche Mauer oder*

# IN DIE BRESCHE SPRINGEN

*Ein Lückenbüßer sein / Die Scharte auswetzen*

Die Mauern der Festung Stolzenberg schienen uneinnehmbar zu sein. Fünfzehn Meter hoch ragten sie auf. An manchen Stellen war die Mauer zehn Meter dick. Da traf im Jahr 1610 die gewaltigste Kanone des Feindes zweimal die gleiche Stelle. Hatte es beim ersten Treffer noch gehalten, so riss der zweite eine große Lücke ins Mauerwerk.

»Alle Mann in die Bresche!«, schrie entsetzt Armin Sinnreich, der Festungskommandant. Gerade rechtzeitig kamen sie an der Lücke an. Ein Stoßtrupp versuchte über die Steinhaufen in die Festung zu klettern. Als die Angreifer sahen, wie viele Verteidiger ihnen entgegenstürmten, flohen sie fürs Erste lieber. Sofort befahl Armin Sinnreich, die Mauer auszubessern und die Bresche streng zu bewachen. Wie gut, dass bald der Abend kam. Armin Sinnreich konnte eine Scharte, die er beim Kampf in sein Schwert gehauen hatte, auswetzen. Er schliff über die Kerbe, bis die Schneide wieder schön scharf und gerade war. Vor allem konnten die Männer aber in der Nacht die Mauer notdürftig reparieren. Trotzdem hätte sich die Festung nicht mehr lange halten können, wenn nicht am nächsten Tag verbündete Soldaten die Feinde vertrieben hätten.

So geschah es früher manchmal, dass Verteidiger gleichsam die Steine einer beschädigten Mauer ersetzen mussten, indem sie »in die Bresche sprangen«. Das verwendete man später als Redensart, wenn man für jemanden eintrat, der Hilfe oder Schutz brauchte. Damit verwandt ist der »Lückenbüßer«. Das sagt man von einem, der für einen anderen einspringen muss, obwohl er es nicht will oder nicht so gut geeignet ist. »Büßen« hieß früher nämlich auch »ausbessern«. Der Lückenbüßer füllt wie der Breschenspringer die Lücke aus, nur hat er einen schlechteren Ruf. Und »seine Scharte auswetzen« sagt man, wenn jemand einen Fehler wiedergutmacht, so wie man die Scharte in einer Schwertklinge wegschleifen kann.

# DAS IST KEIN BEINBRUCH

Einst ritt ein Paar durch den Wald. Sie jauchzten vor Vergnügen und Verliebtheit. Plötzlich streckte sich wildes Wurzelwerk weit in den Weg. Das Pferd des Mannes stieg hoch und warf den Reiter ab. Rasch ritt die Frau zu Hilfe. Der Mann hielt sich wimmernd das Bein. Sein Pferd stupste ihn fragend mit der Schnauze an. »Geh weg, Volla!«, rief der Mann. Tränen liefen ihm über das Gesicht. Über ihm im Baum schaute ein Rabe neugierig zu. Die Frau kniete sich hin und machte ein beruhigendes Geräusch, das wie Waldesrauschen klang. Dann sang sie leise mehr als siebzehn seltsame Silben: »Been zi beena, bluot zi bluota. Liid ze geliiden. Soose geliimida siin.« Der Mann stutzte und sagte mit gespielter Empörung: »Ich bin doch kein Pferd!« – »Aber«, sagte die Frau, »der germanische Zauberspruch, um Pferdebeine zu heilen, müsste bei Menschen erst recht wirken! Versuch doch, mit dem Fuß aufzutreten. Das ist doch kein Beinbruch!« Der Mann meinte mürrisch: »Vielleicht aber doch!« – »Aber selbst dann«, sagte sie, »wäre er nicht so schlimm wie bei einem Pferd! Die können an einem Beinbruch sterben. Deshalb sagt man, wenn etwas halb so schlimm ist: ›Das ist kein Beinbruch!‹ Oh, du bewegst den Fuß ja schon! Hat der alte Zauberspruch geholfen?« – »Oder«, sagte der Mann, »deine flinke Zunge im geschickten Mund, der alles, alles erklären kann.« Er hatte sich den Fuß wohl nur im dicken Moos leicht verdreht. Und so rasteten die beiden ein wenig und schauten den Vögeln zu.

# 8.
# ORDNUNG IST DAS HALBE LEBEN

*Redewendungen über Regeln und
das Passende*

*Ganz, ganz gerade oder*

# PÜNKTLICH WIE DIE MAURER

*Alles im Lot*

Es waren einmal ein paar Bauarbeiter im alten Köln, die werkelten fröhlich, um ein neues Haus zu bauen. Das Fundament war schon fertig, so dass nun der Maurer Gerhard seine Arbeit beginnen konnte. Der steckte an den vier Ecken ganz gerade Stäbe in den Boden und spannte Schnüre dazwischen. Dann warf der Maurer einen Klecks Mörtel auf das Fundament, strich ihn glatt und legte einen Stein mit der Längsseite an die Schnur, so dass er schön gerade lag. Von oben guckte Gerhard noch einmal und rückte ihn ein wenig zurecht. »So«, sagte er, »jetzt liegt er gut!« Ein zweiter Klecks, ein zweiter Stein folgten und wieder das ganz genaue Zurechtrücken. So ging es, bis sich eine kleine Mauer erhob. Gerhard nahm nun eine Schnur mit einem Bleigewicht dran und ließ sie an der Mauer herabhängen. Mit diesem Werkzeug, das man Senkblei oder Lot nennt, konnte er

sehen, ob die Mauer auch exakt senkrecht stand. Alles passte sehr gut. Da lachten die anderen Bauarbeiter und sagten. »Seht ihn an, den Gerhard! Bei ihm muss alles im Lot sein!« Gerhard machte sich aus dem Spott nichts und antwortete: »Wenn ihr das Haus bautet, wär es wahrscheinlich krumm und schief. Aber bei mir heißt es schon immer: Pünktlich wie die Maurer!« Darauf hatten die Bauarbeiter wohl nur gewartet, denn nun sagte der starke Mark: »Genau! Du bist so genau und pünktlich in allem, dass du im Rhein zu schwimmen aufhörtest, wenn die Glocke den Feierabend einläutete.« Der Maurer Gerhard stutzte kurz, doch dann musste er schmunzeln.

Weil Maurer immer sehr genau arbeiten mussten, um stabile Mauern zu errichten, und mit dem Lot nachprüften, ob alles senkrecht wäre, ergaben sich zwei Redensarten. Man sagt »alles im Lot«, wenn etwas in Ordnung ist wie eine gut gemauerte, gerade Mauer. Früher bedeutete »pünktlich« aber nicht nur »zur rechten Zeit«, sondern auch »genau« und »exakt«. Und die Maurer waren besonders genaue Leute. Deshalb sagte man erst zu genauen Menschen »pünktlich wie die Maurer«. Und später zu denen, die jede Verabredung genau einhielten.

*Total prima oder*

# ALLES IN BUTTER

»Heute schmeckt der Kartoffelbrei aber besonders gut, Mama!«, ruft Tim. »Du wolltest wohl ›Papa‹ sagen!«, antwortet Papa. »Ja, ja!«, sagt Mama. »Ich weiß, ich weiß.« – »Was weißt du?«, will Tim wissen. »Frag deinen Vater!« – »Aber der hat doch den Mund voll«, wendet Tim ein, doch da hat Papa offenbar schon hinuntergeschluckt und meint: »Ich habe heute höchstpersönlich den Kartoffelbrei gezaubert. Und dabei fast so viel Butter wie Kartoffeln genommen. Das schmeckt himmlisch.« – »Ist aber auch himmlisch fett«, sagt Mama. »Aber es heißt doch ›alles in Butter‹«, sagt Tim. »Das heißt doch alles ist gut.« Mama widerspricht: »Früher war das so! Vor über hundert Jahren! Da hatte man gerade die Margarine erfunden. Gute Restaurants warben damals damit, dass bei ihnen ausschließlich gute Butter und keine Margarine in den Topf käme. Deshalb sagte man bald zu etwas besonders Gutem: alles in Butter. Aber heute wissen wir, dass zu viel Fett ungesund ist.« – »Ich kenne die Erklärung anders«, wendet Papa ein. »Da gab es doch die alten Venezianer, die im Mittelalter Glas über die Alpen transportierten. Damit auf dem schwierigen Transport nichts zerbrechen konnte, entwickelten sie eine geniale Methode. Sie schmolzen Butter und ließen eine Menge davon in ein Fass laufen. Auf die Butter legten sie ihre kostbaren Gläser. Dann schütteten sie wieder vorsichtig flüssige Butter darüber. Die floss um und über die Gläser. Dann kamen in die nächste Butterschicht wieder Gläser, Butter, Gläser und ganz oben natürlich: Butter. War alles erkaltet, lagen die Gläser fest und gedämpft gegen Stöße. Dann war alles in Butter, also in Ordnung.« Tim wundert sich, aber offenbar nicht nur er. Mama meint: »Also, ich finde, die Fass-Geschichte klingt erfunden. Wie lange sagt man denn schon ›alles in Butter‹?« – »Na ja«, sagt Papa, »so genau weiß ich das nicht. Aber es ist eine schöne Geschichte. Und in Italien sagt man: ›Ist es auch nicht wahr, so ist es doch gut erfunden.‹« Da mischt sich Tim ein und sagt: »Wenn jetzt alles in Butter ist, dann hätte ich gerne einen Nachschlag. Der Kartoffelbrei ist nämlich auf jeden Fall gut erfunden.«

Tatsächlich gibt es die Geschichte mit dem Buttertransport, doch die Redensart »alles in Butter« taucht erst vor etwas über hundert Jahren auf. Die Butter galt schon vorher als besonders gut, aber noch besser, nachdem die Margarine  als billiges Ersatzfett erfunden worden war.

*Alles blank oder*

## REINEN TISCH MACHEN
*Tabula rasa*

Im alten Rom bekam der kleine Marcus Tullius Cicero seine Geburtstagsgeschenke. Doch erst beim kleinsten Geschenk, rief er begeistert: »Etwas zum Schreiben!« Er hielt vier Holztäfelchen in der Hand, die mit Lederriemen verbunden waren, so dass er sie auseinanderklappen konnte. Innen befand sich auf jeder Holztafel eine dünne Schicht glattes Wachs. In den Lederriemen steckte ein länglicher Metallgegenstand, der an einem Ende spitz, am anderen abgeflacht war. Den nahm der Vater heraus und sagte: »Du darfst mit diesem Stilus hier nicht zu fest aufdrücken. Ritze vorsichtig die Wörter mit der Spitze in das Wachs. Möchtest du etwas Neues schreiben, drehe ihn um. Mit der flachen Seite kannst du das Wachs glätten. Das glatte Wachs ist bereit für neue Wörter.« – »Ich bin doch kein Kleinkind, Vater!«, sagte der kleine Marcus Tullius Cicero. Dann fing er an zu schreiben und hörte sein Leben lang nicht auf damit.
Wegen dieser Notizbücher der alten Römer sagt man noch heute, wenn man neu anfangen will, »Tabula rasa machen« oder »reinen Tisch machen«. Die Wachstafeln hießen »tabula«, und »rasa« hieß »geglättet, radiert«. Statt »Tabula rasa« sagte man später »die Tafel rein machen«. Weil der Tisch auch eine Tafel ist, sagen wir heute »reinen Tisch machen«, obwohl der eigentlich nichts damit zu tun hat.

*Die kranken Schafe oder*

# ETWAS AUSMERZEN

Im März des Jahres 1523 trieb der Hirte Joachim seine Herde zusammen. Der treue Hund Martin half ihm brav dabei. Schließlich standen sie alle in einem großen Pferch, der neben einem zweiten, kleineren Pferch lag. Dazwischen gab es einen breiten Gang. Joachim öffnete jetzt das enge Tor zum Gang. Ein Schaf ging hinein. Sofort schloss er das Tor hinter ihm. Dann sah er das Schaf aufmerksam an und öffnete den rechten der beiden Ausgänge. Der führte ins Freie, der linke hingegen in den kleineren Pferch. So tat Joachim es viele Male. Meist ließ er das Schaf durch den rechten Ausgang ins Freie und sagte zu dem Schaf: »Du bist schön stark und gesund. Du darfst nach rechts.« Ab und zu sagte er aber: »Du hinkst ja und bist viel zu mager. Du bist sicher krank. Du musst nach links.« Dann landete es im kleinen Pferch. Schließlich standen auf der freien Weide über zweihundert Schafe. In dem kleinen Pferch waren es nur fünfzehn. »Na, das Ausmerzen ging ja ganz gut. Es sind auch nicht so viele kranke Schafe wie im letzten März«, brummte Joachim. Und sein treuer Hund Martin bellte ihm zu, als wollte er sagen: »Stimmt!«

Tatsächlich sagen wir heute »etwas ausmerzen«, weil die Hirten und Bauern im März ihre Herden musterten. Die kranken und schwachen Tiere sonderte man von der Herde ab. Man merzte sie aus. Heute heißt der Ausdruck »etwas vernichten«, »etwas beseitigen« oder »etwas aussondern«.

*Die Wichtigste am Haus oder*

# JEMANDEM AUFS DACH STEIGEN

*Etwas unter Dach und Fach bringen / Das kannste halten*
*wie ein Dachdecker*

Über ihren Köpfen hörten Hinz und Kunz seltsame Geräusche. Es war in einem Herbst vor sechshundert Jahren, und es hörte sich an, als klettere jemand auf das Dach hinauf. Tatsächlich! Da waren Männer, die mit Werkzeugen und bloßen Händen die Schindeln abzudecken begannen. Schon schien durch immer größer werdende Löcher die Sonne auf den Tisch. Hinz stand schnell auf und rannte durch die Tür.

»Halt!«, rief er draußen. »Halt! Ich komme ja freiwillig zum Gericht.« Die Männer auf dem Dach hörten auf, das Dach zu zerstören. Durch die Löcher riefen sie zu Kunz: »Das lass dir eine Lehre sein! Nimm nie wieder einen unter deinem Dach auf, der so viele Schulden hat!« Kunz brummte in seinen Bart hinein: »Aber er ist doch mein Freund.« – »Das kannst du halten wie ein Dachdecker!«, riefen die Männer von oben. »Und den wirst du jetzt auch wirklich brauchen.« Mit diesen Worten stiegen sie hinunter und nahmen Hinz in ihre Mitte. Sie brachten ihn zum Gericht. Dort wurde er zu zwei Monaten Gefängnis verurteilt, weil er seine Schulden nicht zahlen konnte. Zum Glück bekam seine Mutter von einem Verwandten aus der Ferne Geld zugeschickt. Damit beglich sie die Schulden und holte ihn nach einer Woche aus der Haft. Und was tat er als Erstes? Klar! Kunz helfen, das Dach zu reparieren.

Tatsächlich kommt der Ausdruck »jemandem aufs Dach steigen« von dieser alten Strafe her. Wenn nämlich einer vom Gericht verurteilt war, floh er manchmal unter das Dach eines Freundes. Dann musste ein Richter seine Leute beauftragen, diesem Freund »aufs Dach zu steigen« und es abzudecken.

Solange der Verurteilte nämlich »unter Dach und Fach war«, war er sicher, denn man achtete den Hausfrieden. War das Dach abgedeckt, galt der Frieden nicht mehr. Die meisten Häuser baute man über Jahrhunderte aus Balken. Die Zwischenräume nannte man »Fach« und dann auch die Wände selbst. Dach und Fach machten also ein Haus aus. Deshalb sagt man heute: »Etwas ist unter Dach und Fach gebracht«, wenn es sicher oder fertig ist – wie ein Haus mit Dach und Wänden. Die Dachdecker waren also wichtige Leute. Sie konnten sich im Gegensatz zu allen anderen Handwerkern aussuchen, in welcher Berufsgemeinschaft sie sein wollten: bei den Zimmerleuten oder den Maurern. Weil sie machen konnten, was sie wollten, sagt man heute noch: »Das kannste halten wie ein Dachdecker.«

*Mahnende Bücher oder*

# JEMANDEM DIE LEVITEN LESEN

Um das Jahr 760 ärgerte sich Chrodegang, der Erzbischof von Metz: »Wieso verhalten sich meine Geistlichen so übel? Warum sind sie keine Vorbilder?« Da sagte sein Ratgeber: »Vielleicht hilft es, den Mönchen Regeln zu geben. Und wenn sie diese Regeln oft hören, dann halten sie sich daran.« – »Gute Idee!«, sagte Chrodegang. »Ich werde sofort anfangen. Schließlich habe ich hier Tinte, Feder und Pergament.« In den nächsten Stunden hörte man nur das Kratzen der Feder auf dem Pergament und das der Finger auf dem Kopf. Am Abend verkündete Chrodegang: »Jetzt ist alles fertig. Hier ist eine Liste mit Vorschriften. Und hier stehen Bibelstellen, die alle Geistlichen regelmäßig lesen müssen. Außerdem sollen sie beim Essen nicht reden, sondern Bibeltexte hören.« – »Wie wäre es«, fragte sein Ratgeber, »mit dem 3. Buch des Mose? Da stehen viele ermahnende Regeln für die Leviten drin, die Tempelbedienten im alten Jerusalem.« – »An das Buch der Leviten habe ich«, sagte Erzbischof Chrodegang, »auch schon gedacht.« Und so geschah es. Ab jetzt las der Erzbischof oft selbst beim Essen oder wenn ein Geistlicher sich nicht gut verhalten hatte, aus der Bibel vor. Dasselbe taten viele Nachfolger und Kollegen Chrodegangs. Und weil sie sich oft auf die Regeln aus dem 3. Buch Mose der Bibel bezogen, das kurz »die Leviten« genannt wird, sagt man noch heute, wenn man jemanden ermahnen oder kritisieren will: »Dem werde ich die Leviten lesen.«

# 9.
# HINAUS INS FEINDLICHE LEBEN

*Redensarten über Arbeit, Fleiß*
*und den täglichen Kampf*

*Ganz leicht oder*

# ETWAS AUS DEM ÄRMEL SCHÜTTELN

Ein Pfarrer traf einmal einen Taschenspieler, der den Leuten seltsame Kunststücke vorführte. Er stopfte ein rotes Tuch oben in seine Faust und zupfte unten ein zwei Meter langes, blaues daraus hervor. Er ließ ein Ei in der Hand verschwinden und holte es hinter dem Ohr eines verwunderten Kindes hervor.

Der Pfarrer war eigentlich auf dem Weg vom Gottesdienst nach Hause, doch er schaute in seinem langen Gewand mit den weiten Ärmeln eine Zeit lang zu. Dann rief er: »Ihr Leute, lasst Euch doch nicht betrügen. Der Mann arbeitet mit Tricks. Seht Euch nur seine Kleidung an. In den weiten Ärmeln hat er sicher manches versteckt.« Da lachte der Taschenspieler nur und sagte: »Ja, Leute, das stimmt. Mein Kollege hat vollkommen recht.« Da wurde der Pfarrer wütend: »Was sagen Sie da? Kollege? Ich bin doch kein Kollege eines Taschenspielers.« – »Na«, sagte der Taschenspieler, »schaut Euch doch selbst einmal Eure Kleidung an. Ihr schüttelt aus den weiten Ärmeln Eure Predigt. Ich schüttele aus meinen weiten Ärmeln Tricks.« Der Pfarrer stutzte, aber ärgerlich blieb er doch: »Ich bin trotzdem kein Kollege! Ich betrüge nämlich die Menschen nicht.« – »Nun ja«, meinte der Taschenspieler, »das ist Ansichtssache. Tatsache ist aber, dass die Menschen in der Kirche nichts von dem sehen, was Ihr ihnen in der Predigt aus dem Ärmel schüttelt. Bei meinen Tricks schon. Und wenn sie aus der Kirche kommen, fühlen sich manche Menschen getröstet. Wenn sie mir zusehen, lachen sie sogar. Ob wir da nicht doch Kollegen sind? Der Heilige Geist ist auch schon da, um uns zu versöhnen.« Und mit diesen Worten griff der Taschenspieler blitzschnell in einen der Ärmel des Pfarrers und holte eine weiße Taube hervor. Da mussten alle lachen, auch der Pfarrer.

Tatsächlich sagt man »etwas aus dem Ärmel schütteln«, weil Pfarrer seit dem Mittelalter lernen mussten, Reden und Predigten ohne Vorbereitung zu halten. Weil sie beim Reden mit ihren Armen große Gesten machten, sah es ein wenig so aus, als schüttelten sie daraus die Worte. Doch auch die Taschenspieler benutzten diese Mode bei allerlei Kunststücken. Aus den weiten Ärmeln konnte man nämlich rasch etwas unbemerkt hervorholen. Das wirkte dann, als sei es herbeigezaubert. Heute sagt man »etwas aus dem Ärmel schütteln« für alles, was einem leichtfällt.

*Angenehmes Tun oder*

# EINE RUHIGE KUGEL SCHIEBEN

Als vor fast hundert Jahren in Europa der Erste Weltkrieg ausbrach, da gab es Millionen Soldaten an der Front. Dort kämpften sie schrecklich gegeneinander – mit Gewehren, Kanonen, Bomben und Panzern.

Weit hinter der Front gab es auch viele, viele Soldaten. Die warteten dort in Sicherheit auf ihren Einsatz. Um sich die Zeit zu vertreiben, trieben sie Sport. Viele kegelten auch in aller Ruhe.

Bei den deutschen Soldaten an der Front ärgerte man sich darüber. Manche sagten: »Wir müssen uns jeden Tag den feindlichen Kugeln aussetzen. Die Soldaten weit hinter der Front aber kegeln nur. Die schieben eine ruhige Kugel.« Statt »kegeln« sagten viele nämlich auch »Kegel schieben« oder »eine Kugel schieben«.

Und deshalb sagen wir noch heute, wenn jemand sich gar nicht anstrengt oder eine sehr leichte Aufgabe hat:
»Der schiebt eine ruhige Kugel.«

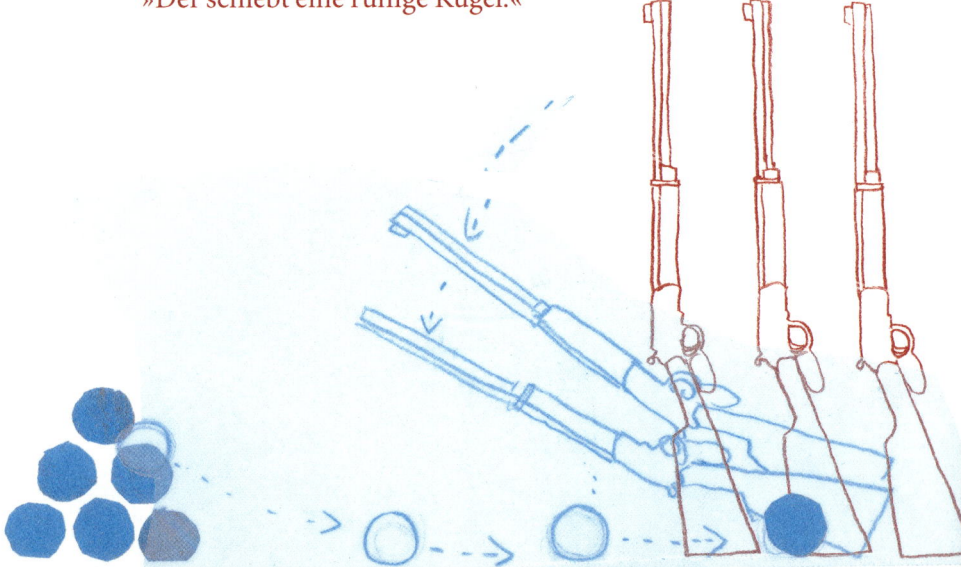

*Alte Boxer oder*

# MIT HARTEN BANDAGEN KÄMPFEN

*Es passt wie die Faust aufs Auge*

Eine große Menge hatte sich 1864 in London versammelt. Man hörte, wie sie grölte und lachte und schwatzte. Selbst in dem Haus, wo sich der Boxer Thomas Sayers auf den Kampf vorbereitete. Sein Helfer Jim Flint war gerade dabei, die Hände des Boxers zu bandagieren. Ein langes Band wickelte er um Unterarm, Handgelenk, Hand. »Schön fest, schön hart!«, sagte Sayers. »Nur mit harten Bandagen kann man gewinnen.« – »Ich gebe mir alle Mühe!«, sagte der Helfer. »Mühe allein genügt nicht!«, murmelte der Boxer. »Schon 688 vor Christus wussten die Boxer, dass nur die fest gewickelten Bandagen harte Schläge ermöglichen.« – »Aber wir verwenden kein Leder mehr, sondern Stoffbandagen«, ergänzte Flint. »Ich sehe«, sagte Sayers, »dass du dich für das Boxen interessierst. Vor allem wickelst du wirklich ausgezeichnet.« – »Fertig!«, sagte Jim Flint. »Jetzt müssen Sie nur noch mit der Faust aufs Auge treffen, dann sieht Ihr Gegner Sternchen.« – »Ja, wie die Faust aufs Auge, das würde mir passen«, sagte Thomas Sayers. »Aber nur als Boxerwitz. Eigentlich passen das empfindliche Auge und die grobe Faust nicht zusammen. Ursprünglich meinte man mit ›Das passt wie die Faust aufs Auge‹, dass es gar nicht passt. Heute verwendet man es mal so, mal so.« – »Nein,« sagte Flint, »heute verwenden wir es zu Ihren Gunsten.« Und tatsächlich gewann Sayers später durch K. o., und sein Gegner hatte ein blaues Auge.

*Ein harter Fall oder*

# MIT DEM KOPF DURCH DIE WAND WOLLEN

Die Burgmauern standen zwanzig Meter hoch. Das Tor war aus eisenbeschlagener Eiche und fast einen halben Meter dick. Ulrich von Hohenstein fühlte sich deshalb ganz sicher, als ein Heer vor seine Burg gezogen kam. Ein Reiter ritt auf die Mauern zu und schwenkte eine Fahne als Zeichen für Verhandlungen. »Seid mir gegrüßt!«, rief Ulrich von Hohenstein. »Seid mir gegrüßt!«, antwortete der Reiter. »Ich bin Euer Bruder, dem Ihr sein Erbe nicht geben wollt. Ich werde mir meine Burg aber nehmen. Koste es, was es wolle.« Ulrich von Hohenstein spottete bloß: »Ihr wolltet schon immer Euren Willen durchsetzen. An diesen Mauern werdet Ihr Euch aber die Zähne ausbeißen.« – »Ich will eher mit dem Kopf durch die Wand!«, rief der Reiter. Da lachte Ulrich von Hohenstein. Er lachte immer lauter, weil er sich vorstellte, wie der da unten seinen Kopf an den mächtigen Mauern blutig stieß. Doch plötzlich lachte er nicht mehr, denn der Reiter hatte sein Pferd gewendet. Und aus dem großen Heerhaufen löste sich ein gewaltiger Wagen mit einer Art Haus darauf. Es war mit Schieferziegeln gedeckt. Vorne aber schaute ein riesiger Kopf aus Eisen heraus. Der war geformt wie der Kopf eines Widders mit gedrehten Hörnern. »Ein Rammbock! Er hat einen Rammbock!«, schrie Ulrich von Hohenstein. Und noch während er schrie, hatte der Wagen das Tor erreicht. Zu spät versammelte Ulrich von Hohenstein seine Ritter. Der Rammbock hatte mit seinem mächtigen Eisenkopf das

Tor aus den Angeln geschlagen. Ulrich von Hohenstein gab auf. »Siehst du«, spottete sein Bruder am Abend, als sie einen neuen Erbvertrag ausgehandelt hatten, »manchmal kommt man doch mit dem Kopf durch die Wand.«

Weil der Kopf eines Menschen kein Rammbock ist, bezeichnet die Redensart »mit dem Kopf durch die Wand wollen« etwas Dummes, Rücksichtsloses. Da will jemand seinen Willen gegen alle Vernunft und gegen alle Widerstände durchsetzen. Von solchen Menschen sagt man auch, sie seien »Dickschädel«. Vielleicht dachte man wirklich an die Rammböcke, die es seit der Antike gab. Diese Eisenköpfe kamen ja wirklich durch die Wände.

*Ein lähmendes Tier oder*

# ETWAS TORPEDIEREN

Beim Klassenausflug staunten die Schüler nicht schlecht: »Ein echtes Unterseeboot!«, riefen sie. Tatsächlich lag dort im Hafen ein riesiger grauer Stahlzylinder mit Turm. Die Schüler durften in das U-Boot hineinsteigen. Bei der Besichtigung wies der Lehrer Schmidt auf einen drei Meter langen zigarrenähnlichen Gegenstand hin: »Das ist ein Torpedo, eine Unterwasserwaffe. Damit hat man Schiffe versenkt.« Eine halbe Stunde später stand Alissa im Schifffahrtsmuseum verwundert vor einem Aquarium: »Hier auf dem Schild steht auch Torpedo. Aber da drin ist ein Zitterrochen.« Herr Schmidt kratzte sich den Kopf. Ein Museumswärter hatte zugehört und sagte: »Das fragen hier viele Leute. Deshalb habe ich mal nachgeguckt. Der Zitterrochen hieß schon im alten Rom Torpedo. Das kommt von dem Wort ›torpere‹, das ›lähmen‹ bedeutet. Der Zitterrochen lähmt nämlich mit Stromschlägen seine Beute. Später hat man die längliche Waffe auch Torpedo genannt, weil sie feindliche Schiffe lähmen sollte.« Jetzt mischte sich Herr Schmidt ein: »Deshalb sagt man auch: ›Der hat mein schönes Projekt torpediert.‹ Als wäre es ein Schiff, das durch einen Torpedo heimtückisch versenkt wurde.« – »Ein Glück«, sagte Alissa, »dass niemand unsere Klassenfahrt torpediert hat. Sonst hätte ich kein Torpedo streicheln können.« Sie hatte nämlich inzwischen im Museumsladen etwas sehr Seltsames entdeckt: einen Zitterrochen aus Plüsch.

# 10.
# ZUM SCHLUSS NOCH EINE WUNDERTÜTE

*Redewendungen zu unterschiedlichen Anlässen*

# NICHT LANGE FACKELN

*Wenig Federlesens machen*

Am Schlosstor hämmerte es. »Wer ist da so spät?«, fragte drinnen der Oberschlosswächter Ewald Ammenheld mürrisch. »Nur ich!«, tönte es durch das dicke Tor. »Überflüssig genug!«, schrie Ammenfeld. »Komm morgen wieder!« – »Ich weiß nicht, ob das meinem Vater gefiele«, hörte man etwas lauter von außen. »Deinem Vater? Du kannst ihn ja morgen mitbringen!«, brüllte der Wächter. »Das geht nicht. Er ist schon drinnen, du alter Ammenheld!«, rief es nun ganz laut von draußen.

Plötzlich sprang der Oberschlosswächter aus seinem Bett und stürzte zum Tor. Unterwegs riss er eine Fackel von der Wand. Als er endlich das schwere Tor geöffnet hatte, stand davor ein Edelmann. »Wahrhaftig!«, stammelte Ewald Ammenheld. »Der junge Herr Graf ist es! Ich bitte um Vergebung! Ich wusste nicht, wer es ist …« – »Nur der überflüssige Ich«, lachte der junge Graf. Ammenheld verneigte sich mit der Fackel in der Hand, deren Flamme hin und her flackerte. Dann näherte er sich dem jungen Grafen und tat so, als wolle er ihm ein paar Flusen, Federn oder sonstigen Unrat vom Mantel lesen. Schließlich sagte er: »Ich hätte nicht so lang gefackelt, wenn ich gewusst hätte, dass Ihr es seid, junger Herr!« – »Ist schon gut, lieber Ammenheld!«, sagte der junge Graf. »Hauptsache, du bist mit dem Federlesen bald fertig. Dann kann ich endlich ins Schloss und schlafen.« – »Natürlich, natürlich!«, murmelte der

Oberschlosswächter. Er verneigte sich noch einmal und ließ den jungen Grafen ins Schloss ein.

Tatsächlich sagte man wegen der Fackel, die früher statt Lampen brannten, »nicht lange fackeln«. Das bezog sich auf die unruhige Flamme, die sich hin und her bewegte. So wie jemand, der sich nicht entscheiden kann. Und »nicht viel Federlesens machen« heißt etwas direkt tun, ohne Umstände. Kam im Mittelalter ein hoher Herr zu Besuch, dann taten Diener oder Leute in tieferer Stellung bei seiner Begrüßung so, als suchten sie seine Kleidung nach Schmutz oder Federn von den damals üblichen prächtigen Hüten ab. Das Federnablesen sahen andere als eine übertriebene Höflichkeit an, ja als Unterwürfigkeit und Schmeichelei. Wer darauf verzichtete, machte eben kein Federlesen. Und deshalb bedeutet »nicht viel Federlesens machen«: direkt sein und forsch.

*Eine himmlische Drohung oder*

# SEIN BLAUES WUNDER ERLEBEN

*Das Blaue vom Himmel herunterlügen / Ins Blaue hinein*

»Blau ist meine Lieblingsfarbe«, sagt Heiner, »aber ich verstehe nicht, warum man eine grüne Brücke ›Blaues Wunder‹ nennt. Also höchstens ist sie grünblau.« Heiners Mutter konzentriert sich auf ihren Käsekuchen. Dabei steht die Brücke in Dresden, die der Volksmund als »Blaues Wunder« bezeichnet, nur hundert Meter entfernt. Heiners Schwester Johanna hat plötzlich eine Idee: »Vielleicht ist es ja einfach eine Lüge. Papa sagt doch manchmal, dass jemand das Blaue vom Himmel herunterlügt.« Den Satz hat offenbar die Kellnerin gehört. »Ne, ne«, sagt sie, »das mit dem Himmel sagt man, weil Blau mit dem Unbestimmten, mit Täuschung und Lüge verbunden wird. Wenn jemand ein Lügenmärchen erzählte, nannte man das ›jemandem blauen Dunst vormachen‹ oder ›blaue Enten‹.« – »Blaue Enten, super! Die möchte ich sehen!«, ruft Johanna, aber Heiner bleibt unzufrieden. »Und was hat das mit dem Himmel und der Brücke zu tun?«, fragt er. Seinem Vater fällt etwas ein: »Weil Blau unter anderem für die Lüge steht und der Himmel blau ist. Wenn es jemand schafft, dass die Leute glauben, der Himmel sei nicht blau … Na, das wäre ein prima Lügner. Der hätte das Blaue heruntergelogen vom Himmel.« Jetzt mischt sich die Mutter doch noch ein: »Und die Brücke? Und unser Ausflug? Wir haben doch eine Fahrt ins Blaue unternommen und sind nur zufällig hier gelandet.« – »Also«, stöhnt die Kellnerin und stellt ihr Tablett ab. »Hier sind die beiden Kaffee und die Limos. Außerdem heißt die Brücke so, weil sie früher blau gestrichen und ein technisches Wunderwerk war. Der Name spielte dazu mit einem alten Ausdruck: ›sein blaues Wunder erleben‹. Das hieß wohl erst ›jemanden täuschen‹ – ein Wunder versprechen, das sich dann nur als blauer Dunst erweist. Dann wurde es zu einer unbestimmten Drohung.« Und damit nimmt die Kellnerin ihr Tablett und wendet sich zum Gehen. »Halt, halt!«, ruft Heiner. »Und wieso ging unser Ausflug ins Blaue und nicht ins Grüne?« – »Na«, meint seine Mutter zur Kellnerin, »den Rest kriegen wir hoffentlich alleine hin.« – »Stimmt!«, sagt Johanna. »Ins Grüne sind wir nicht, weil wir einen Stadt- und keinen Landausflug gemacht haben. Ins Blaue sind wir aber gefahren, weil wir kein festes Ziel hatten. Die Kellnerin hat ja gesagt, Blau steht auch fürs Unbestimmte.« – »Dann möchte ich«, seufzte Heiners Vater sehnsüchtig, »noch diese Nachspeise hier. Vanilleeis mit Blaubeersoße.«

*Die Strafe für schlechte Qualität oder*

# DAS SCHLÄGT DEM FASS DEN BODEN AUS
*Das bringt das Fass zum Überlaufen*

Der Markt war gut besucht an diesem Frühlingstag im Jahr 1483. Der ganze Ort Eisleben schien auf den Beinen zu sein. Nach dem langen Winter freute man sich besonders über das frische Gemüse. Es gab aber auch Wein und Bier, die in großen Fässern auf Wagen lagen. Auf einmal ging ein Raunen durch die Menge. Der Marktaufseher kam mit seinen Helfern und prüfte überall die Ware. »Hier diese Brötchen müssen gewogen werden!«, befahl er einem Diener. Der tat es und meinte: »Das Gewicht stimmt genau!« – »Sehr gut!«, freute sich der Marktaufseher. »So soll es sein! Und das Fleisch hier, ist es auch frisch?« – »Ja, natürlich!«, beteuerte der Fleischer. »Es sieht auch wirklich so aus«, sagte der Marktaufseher, der es genau geprüft hatte. Dann drehte er sich zu zwei weiteren Ständen um. »Die Radieschen hier lachen einen richtig an. Da muss ich keine Angst haben, dass sie schlecht sind. Aber was ist das dort? Ein Weinverkäufer ohne Kunden?« Tatsächlich sah man einen Mann allein vor seinem Wagen mit den Fässern stehen. Er schaute zu Boden und schien darin versinken zu wollen. Der Marktaufseher stellte sich vor ihn hin und fragte sehr freundlich: »Darf

ich deinen Rebensaft einmal kosten?« Der Weinverkäufer murmelte: »Ich kann die Fässer nicht öffnen. Der Spund steckt zu fest im Spundloch.« – »Dann wollen wir dir mal helfen«, sagte der Marktaufseher. »He da, Diener, öffnet das Fass!« Das ging erstaunlich leicht, und im Nu hatte der Marktaufseher einen Becher voll Wein in der Hand. Daraus nahm er einen Schluck, den er aber gleich wieder ausspuckte. »Dachte ich es mir doch! Der schmeckt nach Schwefel wie die Hölle. Und dazu nach Mäusekacke. Widerlich! Diener, schlagt sofort allen Fässern den Boden aus!« Und obwohl der Weinverkäufer jammerte und schimpfte, floss bald der Wein in Strömen über den Markt. Der war offenbar wirklich sehr schlecht, denn ein Hund, der an ihm schlabberte, verzog das Gesicht und rannte schnell davon. Früher verkaufte man viele Waren in Fässern, nicht nur Wein. Und weil Prüfer Fässern mit schlechten Waren den Boden ausschlugen, sagt man noch heute: »Das schlägt dem Fass den Boden aus«, wenn etwas Empörendes oder Unverschämtes geschieht. Manchmal sagt man dann auch: »Das war der Tropfen, der das Fass zum Überlaufen bringt«. Man stellt sich vor, dass die Geduld wie ein Fass ist, die Frechheiten wie Flüssigkeit. Wenn jemand immer wieder frech ist, hält man es lange aus, aber irgendwann ist es einem zu viel. Dann läuft das Fass über – und man schimpft.

*Teure Mode oder*

# AUF GROSSEM FUSS LEBEN

Der Graf stolperte schon wieder über seinen Teppich. »Verdammte Schuhe!«, schrie er. Doch verbissen übte er weiter. Er hob den einen Fuß hoch und machte einen kleinen Schritt, setzte die Ferse auf und rollte dann den Schuh ab. Das dauerte, denn der Schuh war einen halben Meter lang, vorne spitz, die Spitze dazu nach oben und hinten gebogen. »Es geht doch, es geht doch!«, sprach der Graf leise zu sich, doch schon blieb er mit der Schuhspitze am Stuhlbein hängen und fiel auf die Nase. »Hol der Henker diese Mode!«, fluchte der Graf. »Was ist Euch, mein lieber Gemahl?«, fragte seine Frau, die der Lärm geweckt hatte. »Nichts ist! Nur, dass Schuhe im Jahr 1343 noch länger geworden sind für uns hohe Herren. Der Teufel soll damit laufen! Aber wenn ich mit zu kurzen Schuhen umhergehe, dann meinen die anderen, ich sei vielleicht nur ein kleiner Graf oder gar ein Bürger.« – »Da siehst du mal«, sagte seine Frau, »wie es uns Frauen zumute ist. Wir müssen oft unbequeme Sachen tragen, weil es Mode ist. Oder weil es unserem Stand entspricht. Aber jetzt gib mir die Hand. Wenn wir zusammen üben, geht es sicher besser. Du wirst sehen, heute Abend können wir damit schon tanzen.« – »›Wir‹ ist fein!«, sagte der Graf, aber er musste doch lächeln.

Tatsächlich liefen vor siebenhundert Jahren alle wichtigen Leute in Frankreich mit langen Schuhen, sogenannten Schnabelschuhen, herum. Die Mode breitete sich in vielen Ländern aus.

Es war genau vorgeschrieben, wer wie lange Schuhe tragen durfte. Wer bedeutend war, trug die längsten. Und weil Fuß und Schuh zusammengehören, sagen wir noch heute: »Er lebt auf großem Fuß.«

# DA BEISST SICH DIE KATZE IN DEN SCHWANZ

Die Mäuse hatten es satt. Schon wieder hatte die Katze eine von ihnen gefressen. »Immerzu haben wir Angst vor der Katze!«, fiepte laut eine kleine Maus. »Wir müssen endlich etwas unternehmen!« Die anderen trippelten mit ihren Füßchen Beifall. »Ich habe auch eine Idee!«, schrie eine mittelgroße Maus. »Wir

hängen der Katze eine Glocke um. Wenn sie auf der Jagd ist, hören wir sie kommen.« Da rief alles durcheinander und jubelte: »Bravo!«, »Sehr gut!«, »Das ist die Lösung!« und »Brillant!«. Nur die kleine Maus fragte nach einer Weile: »Und wer wird der Katze die Glocke umhängen? Ich hab davor zu viel Angst.« Und in dem Moment hörten die Mäuse vor ihrem Mauseloch eine schnurrende, gefährlich klingende Stimme, die sie nur zu gut kannten: »Da beißt sich die Katze in den Schwanz.« Ratzfatz rannten alle Mäuse auseinander, so schnell sie nur konnten. Und von der Idee war nie wieder die Rede.

Tatsächlich sagte man früher wegen dieser Geschichte, wenn etwas Gefährliches getan werden musste: »Wer hängt der Katze die Glocke um?«

Und wenn ein Gedankengang ohne Ergebnis zu seinem Ausgangspunkt zurückkommt, also in sich selbst kreist, sagt man noch heute: »Da beißt sich die Katze in den Schwanz.« Junge Katzen tun das ja wirklich. Sie jagen ihren eigenen Schwanz, halten ihn fest und beißen spielerisch hinein. Damit haben sie nur sich selbst gefangen. Es ist sinnlos wie der Kreisgedanke der Mäuse: Ihre Angst vor der Katze könnten sie nur überwinden, wenn sie ihre Angst vor ihr überwinden könnten.

*Eine unangenehme Erinnerungsstütze oder*

# JEMANDEM EINEN DENKZETTEL VERPASSEN

Mit hängenden Schultern ging der kleine Michael über den Schulhof. Dabei war es ein sonniger Oktobertag des Jahres 1657. Sein Freund Georg klopfte ihm auf die Schulter und fragte: »Was ist denn mit dir los?« – »Ach!«, seufzte Michael, »ich habe einen Denkzettel vom Pater Ignaz bekommen. Ich hab doch schon wieder die Hausaufgaben vergessen.« – »Und was steht auf dem Denkzettel?«, fragte Georg. »Dass ich eine Woche lang jeden Morgen einen Klaps auf den Hinterkopf bekommen soll. Vor der ganzen Klasse.« – »Das ist bös!«, sagte Georg. »Aber immerhin besser, als wenn er dich mit dem Stock gehauen hätte.« – »Stimmt«, seufzte Michael wieder, »das muss fürchterlich sein. Pater Ignaz sagt dazu, er schreibe einen Denkzettel auf den Rücken. Da hab ich wirklich Glück gehabt. Bei mir sagt er: ›Kleine Schläge auf den Hinterkopf erhöhen die Denkfähigkeit.‹« Georg musste lachen. »Da müsste man einigen der Lehrer hier aber oft auf den Hinterkopf hauen.«

Tatsächlich kommt die Redensart »jemandem einen Denkzettel verpassen« aus der Schule. Früher gaben Lehrer an Jesuitenschulen ihren Schülern Denkzettel, wenn die etwas vergessen und falsch gemacht hatten. Auf den Denkzetteln standen die Fehltritte des Schülers und manchmal auch die Strafen, die er dafür bekommen sollte. Und deshalb sagt man noch heute, wenn man jemandem eine fühlbare Warnung geben oder ihm drohen will: »Dem werde ich einen Denkzettel verpassen.«

*Teuflisch gut oder*

# DAS IST STARKER TOBAK
*Anno Tobak*

Der Räuber marschierte stolz über die Landstraße. Gerade hatte er in Nürnberg eins von den ganz neuen Schießgewehren gekauft. Das Gewehr war zwar ganz schön teuer, aber dafür hatte niemand im weiten Umkreis so eine tolle Waffe wie er. Die meisten kannten sie noch nicht einmal.

Plötzlich dampfte es mitten auf der Straße, und aus einer schwarzen Wolke erschien der Teufel. Der Räuber ließ sich nicht einschüchtern und marschierte weiter. Wohl oder übel musste der Teufel mit ihm Schritt halten, denn er wollte etwas wissen: »Was tragt Ihr da über der Schulter?« – »Eine neue Art von Tabakspfeife«, antwortete der Räuber. »Darf man sie versuchen?«, fragte der Teufel. »Ausnahmsweise!«, brummte der Räuber. Er steckte dem Teufel den Lauf in den Mund, schüttete Pulver auf die Pulverpfanne des Gewehrs und zündete die Lunte an. Kurz darauf löste sich der Schuss. Der Teufel nieste zwei-, dreimal kräftig, schüttelte sich und sagte dann: »Das war aber ein starker Tobak.« Und damit verschwand er wieder, denn eine solche Art zu rauchen machte ihm keinen Spaß.

Wegen dieser alten Geschichte sagt man noch heute, wenn etwas besonders unverschämt ist oder gemein: »Das ist starker Tobak.« Vor fünfhundert Jahren nämlich hieß der Tabak bei uns noch nach seinem Ursprungswort im Karibischen »Tobak«.

*Treue und Mut oder*

# FÜR JEMANDEN DIE HAND INS FEUER LEGEN

*Ein heißes Eisen anfassen*

Die Etrusker belagerten im Jahre 508 vor Christus die Stadt Rom. Ihr König Porsenna führte den Angriff. Es sah schlecht aus für die Stadt. Da schlich sich mitten in der Nacht der junge Gaius Mucius nach draußen. Er wollte den Etruskerkönig töten. Nahe beim Zelt des Königs konnte er sich verstecken. Da kamen zwei prächtig gekleidete Männer aus dem Zelt. Der eine gab den Soldaten ihren Sold, der andere stand ruhig dabei. Gaius Mucius überlegte, wer von beiden wohl der König sein könnte. Er hatte nur eine Chance. Schließlich stürzte er sich mit seinem Schwert auf den Mann, der das Geld auszahlte, und erstach ihn.

Die Soldaten umher packten Gaius Mucius und wollten ihn töten, doch der König hinderte sie. Gaius Mucius hatte nämlich nur den Schatzmeister getötet. Porsenna sprach: »Du bist ein Römer. Was war deine Absicht?« Gaius Mucius sagte: »Dich töten und meine Stadt befreien.« Der König wunderte sich über die Frechheit des jungen Römers. Er fragte: »Seid ihr alle so tapfer?« Gaius Mucius gab eine stumme Antwort. Er hielt ganz ruhig und lange seine rechte Hand in die Flamme eines Kohlebeckens – ohne einen Schmerzenslaut. Mit Mühe stieß er dann hervor: »Alle Römer sind so tapfer wie ich. Ich war nur einer von dreihundert, die dich, Porsenna, töten wollen.« Den Etruskerkönig ergriff Angst. Er schenkte Gaius Mucius die Freiheit, hob die Belagerung auf und zog sich zurück. Die Römer aber feierten Gaius Mucius als Helden. Von nun an nannte man ihn voller Respekt »Scaevola«, das heißt »Linkshand«. Seine rechte Hand war ja verbrannt.

Auch wegen dieser Geschichte sagt man: »für jemanden die Hand ins Feuer legen«. Die Redensart geht außerdem auf Gottesurteile im Mittelalter zurück. Man hielt jemanden für unschuldig, der seine Hand unverletzt ins Feuer halten konnte. Glaubte ein Freund fest an die Unschuld, dann durfte er »für den anderen die Hand ins Feuer legen«. Heute bedeutet es, dass man sich für jemanden verbürgt.

Ein ähnlicher Gottesbeweis war das Anfassen eines heißen Eisens, ohne dass man sich verletzte. Dazu gehörte Mut, weshalb man noch heute sagt, »ich fasse ein heißes Eisen an«, wenn man ein unangenehmes Thema anspricht.

*Schwere Schiffe oder*

## LEINE ZIEHEN

Die Morgensonne stand im Mai des Jahres 1867 gerade am Himmel. Da erwachte am oberen Main Heiner auf seinem schönen Schiff, der »Edda«. Er reckte sich, er streckte sich, gähnte und rief dann: »Joseph, Benjamin, Laban!« In der Nähe räkelten sich drei kräftige Männer, die sich um eine Feuerstelle am Ufer gelagert hatten. »Aufstehen, Frühstück!«, rief Heiner, der nicht gern viele Worte machte.

Eine halbe Stunde später saßen die Männer um das Feuer, hatten Kaffee getrunken und etwas Brot gegessen. »Genug!«, rief Heiner in seiner einsilbigen Art. Und dann noch: »Leine zie-

hen!« Die drei Männer lösten am Ufer die Taue, mit denen die »Edda« angebunden war. Dann legten sie sich mächtig ins Zeug und zogen und zogen und zogen an den Seilen, bis sich das Schiff langsam stromaufwärts bewegte. Heiner aber steuerte an Bord und überlegte, ob er seine Ladung in der nahen Stadt Bamberg wohl gut würde verkaufen können.

Jahrhundertelang zogen Menschen oder Pferde Schiffe auf den Flüssen stromaufwärts, weil es keine Motoren gab. Auf soge-nannten Treidelpfaden liefen sie am Ufer entlang und zogen die Schiffe. Weil sie sich damit von einem entfernten, konnte sich ein Scherz einbürgern. Man sagte jetzt zu jemandem, der ab-hauen sollte: »Zieh Leine!« So, als sei er ein Schiffsknecht, der sich mit dem Schiff davonmacht. Und das tue ich jetzt auch, denn das Buch ist hier zu Ende.

# REGISTER

**ROLF-BERNHARD ESSIG**, 1963 in Hamburg geboren, lebt in Bamberg als Autor von Sach- und Hörbüchern, als Kritiker für die wichtigsten deutschsprachigen Zeitungen und als Dozent für Literaturkritik und Literarisches Schreiben. Seit er im Deutschlandradio in der wöchentlichen Kultursendung *Essigs Essenzen* ein Jahr lang jede Frage rund um Sprichwörter und Redensarten beantwortet hat, gilt er als Deutschlands Sprichwörterpapst. Inzwischen tourt er mit seinem erfolgreichen Redensartenprogramm durch ganz Deutschland und ist regelmäßig in TV, Hörfunk und Printmedien präsent. Bei Hanser erschienen bereits seine Jugendsachbücher *Schreiberlust & Dichterfrust. Kleine Gewohnheiten und große Geheimnisse der Schriftsteller* (2007) und *Wann ist ein Held ein Held?* (2010), außerdem die erfolgreiche Sprichwörtersammlung *Da wird doch der Hund in der Pfanne verrückt* (2009) mit Bildern von Marei Schweitzer.


**ULRIKE MÖLTGEN**, 1973 in Wuppertal geboren, studierte Kommunikationsdesign an der Gesamthochschule ihrer Heimatstadt. 2001 machte sie ihr Diplom bei Wolf Erlbruch. Seitdem hat sie zahlreiche Kinder- und Bilderbücher gestaltet. Für das Hanser Kinderbuch illustrierte sie 2002 *Annabella Klimperauge – Geschichten aus dem Kinderzimmer* von Jutta Richter. Ulrike Möltgen lebt als freie Designerin, Illustratorin und Dozentin in Wuppertal.

*Ebenfalls bei Hanser:*

Rolf-Bernhard Essig / Marei Schweizer

## DA WIRD DOCH DER HUND
## IN DER PFANNE VERRÜCKT!

Gebunden. 144 Seiten

Schon als Kinder staunen wir Bauklötze, bauen uns Eselsbrücken oder führen einen Eiertanz auf. Als Jugendliche verstehen wir oft nur Bahnhof, haben eine lange Leitung oder gar keinen Bock. Und später packen wir entweder die Gelegenheit beim Schopf oder werfen die Flinte ins Korn. Mit Sprichwörtern gehen wir durchs Leben, sie machen unsere Sprache lebendig, bunter und anschaulicher. Rund 500 Redensarten und Alltagsfloskeln hat jeder auf dem Kasten, doch nur selten wissen wir, woher die Sprüche eigentlich kommen, die wir klopfen.

Von den Ursprüngen und der Bedeutung der bekanntesten Sprichwörter und Redensarten erzählt dieses Buch in kuriosen Geschichten. Virtuos und witzig illustriert, weckt es den kindlichen Spaß an unserer Sprache und am Spiel mit ihr.

*»Ich bin dem Buch schnell auf den Leim gegangen und muss nicht über meinen Schatten springen, um zu sagen, dass hier spannend, witzig und kindgerecht erzählt wird.«* Paul Maar

»Wo der ursprüngliche Sinn von Redensarten verloren gegangen ist, steckt ein Potenzial für die Fantasie, das Essig in seinen kurzen Texten auslotet. Was dabei herauskommt, sind witzige Geschichten, in denen Fakten und Fiktionen verwoben sind«.

Christine Lötscher, Tages-Anzeiger